KB253320

비전의 힘

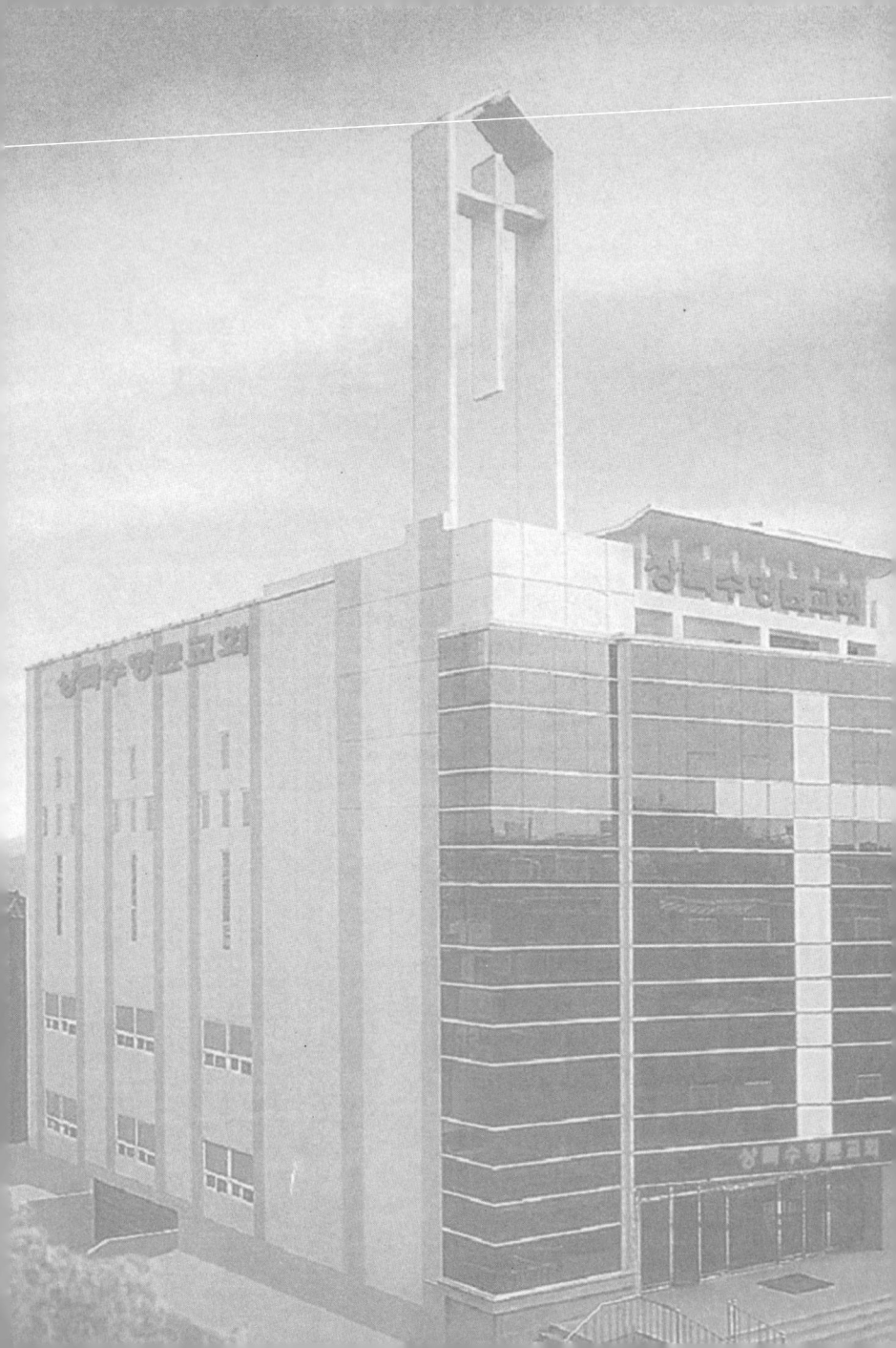

비전의 힘

이상철 지음

해피 & 북스

나는 희망의 전도사이고 싶다

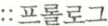

한 그루의 나무가 성장하여 풍성한 과실을 맺기까지는 실로 큰 아픔과 고통이 뒤따를 것이다. 만고풍상의 고통과 비바람을 이기고 자라나서 비로소 겉잎이 나고 꽃이 피고 열매를 맺으니 말이다.

경기도 안산시에 상록수명륜교회를 개척, 11년을 맞은 나의 교회 개척과 성장 과정을 살펴보면 위의 말을 실감할 수 있다. 얼마 전 부족한 나의 이야기를 책으로 묶어 『개척 교회 1% 성공 스토리』라는 제목으로 내놓았다. 그 책이 나 간 후 수많은 목회자들로부터 전화를 받았다. 그리고 세미 나를 열어달라는 부탁을 받았다. 개척교회가 성공했다는 소리를 듣기까지는 확률 1%를 극복해야 한다는 말에 모두

- - -

공감한다고 했다.

이미 시중에는 교회 개척과 성장에 관한 다양한 책들이
나와 있다. 교회 성장의 기법이나 프로그램 등을 다루는
이런 책들은 비교적 인기가 높다. 그런데 이런 책들의 내
용을 따라 가보면 결국 하나의 결론으로 모아진다. 즉 기
본기가 충실해야 한다는 것이다. 기도, 예배, 전도 등 기본
을 철저히 하지 않고는 성공의 열매를 수확할 수 없다는
말이다.

이 책도 바로 그것을 말해주고 있다. 하지만 그보다 더
중요한 것이 있다. 그것은 우리가 희망의 전령, 행복의 전
도사가 되어야 한다는 것이다.

우리가 일꾼으로 부름을 받은 것은 사실이지만 결코 일
자체나 조직을 위해서 일하는 사람은 아닌 것이다. 목회자
는 운동가요, 선구자다. 나 자신이 행복하지 않고, 나 자신
이 먼저 희망의 대명사가 되지 못한다면 그것은 위선이다.

• • •

나에게 희망과 행복이 넘칠 때 사람들이 내게로 몰려드는 법이다.

교회 개척이 어려운 것이 현실이다. 그 현실을 온몸으로 겪으며 눈물과 무릎으로 견뎌내야만 한다. 그런 의미에서 이 글은 그러한 고난의 기록이다. 주님을 향한 일관된 믿음과 사랑을 무기로 숱한 난관을 정면으로 맞서 싸운 투쟁의 기록이다. 그리고 고비마다 종의 눈물을 위로와 소망으로 닦아주신 하나님을 향한 연서(戀書)이기도 하다. 하지만 고난을 통하여 주시는 하나님의 메시지와 음성을 통해 점점 희망의 증거자가 되고 고난 속에서도 행복을 누리는 참된 긍정의 믿음을 알리고자 하는 내용이다.

하나님이 세상에 사람을 낼 때에는 고난을 겸하여 주신다. 또한 하늘이 큰일을 맡길 사람에겐 고난이 더 크게 임하는 법이라는 것을 깨달아야 한다.

맹자의 글에 보면 "천장강대임어시인야(天將降大任於

• • •

是人也)시면, 필선고기심지(必先苦其心志)하며 노기근골(勞其筋骨)하며 아기체부(餓其體膚)하며 공핍기신(空乏其身)하여 행불란기소위(行拂亂其所爲)하나니 소이동심인성(所以動心忍性)하여 증익기소불능(曾益其所不能)이니라"란 글이 나온다. 그 뜻은 이렇다. "하늘이 어떤 사람에게 장차 큰일을 할 수 있도록 중책을 맡기려면, 반드시 먼저 그 마음을 괴롭게 만들고, 그 살을 다 빠지게 하고, 먹을 것과 입을 것을 아쉽게 하고, 그래서 지치게 하며, 그가 하는 일 중에서 되는 일은 하나도 없이 자꾸만 꼬이게 한다. 그렇게 하는 까닭은 그 마음을 움직이고, 천성을 끈질기게 하여 자기의 성질을 참아서 그 전에 해내지 못했던 일을 더욱 잘 할 수 있게 해 주기 위함이라."

바울 사도도 말씀했다. 고난도 내게 유익이라고. 삶은 하나님께서 주신 선물이고 은혜이건만 우리는 끊임없이 내 것을 주장하곤 한다. 내 생각, 내 욕심, 내 소유…. 그렇게 내 것 챙기기에만 골몰할 때 하나님은 우리에게 모든 것을 "내려놓으라"고 말씀하신다. 이때 영적인 어린아이인 우리는 내려놓으면 빼앗긴다고 생각하여 선뜻 순종하지 못한다. 그런데 심각한 고난을 당하면 우리도 모르게 모든 것을 내려놓고 주님의 도움을 구하게 된다. 그때에서야 내게 주어진 지극히 작은 한 가지도 축복이요, 희망이며, 행복인 것을 알게 되는 것이다. 그렇게 작은 것에서부터 만족함을 배우면서 조금씩 세워져 가는 것이 우리의 신앙인 것이다. 하나님이 고난을 통하여 내려놓으라고 하시는 이유는 우리가 내려놓을 때 비로소 그것이 진짜 우리 것이 되기 때문이며, 하나님이 우리에게 더 좋은 것을 주려고 하시기 때문이다.

이 글을 통하여 여러분들도 희망의 전령이 되고 행복의 전도사가 되기를 바란다. 목회 11년의 거짓 없는 고백과 그 속에서 역사하셨던 하나님의 능력을 보면서 하나님의

• • •

영광을 찬양하기를 바란다.

2007년 상록수명륜교회 서재에서

이상철 목사

· · ·

내 안에 부족한 것이 성공의 3요소인 희망, 열정, 긍정이었다. 이상철 목사는 정말 희망, 열정, 긍정으로 어려운 목회 환경을 이겨내고 결국 승리했다.

-황세연 목사

이상철 목사의 "나는 희망의 전도자이고 싶다"는 말이 정말임을 알았다. 그의 글을 읽으며 내 목회의 희망을 발견했다.

-세종나눔교회 지상정 목사

상록수명륜교회를 개척한 지 11년을 맞은 이상철 목사의 교회 개척과 성장 과정을 살펴보면 이 시대에도 기적은 있다는 말을 실감할 수 있다.

-국민일보 임한창 국장

교회 개척이 어려운 것이 현실이다. 그 현실을 온몸으로 겪으며 눈물과 무릎으로 견뎌내어야만 한다. 그런 의미에서 이 글은 그러한 고난의 기록이다.

-CTS 기독교 TV 강명준 국장

하늘이 어떤 사람에게 장차 큰일을 할 수 잇도록 중책을 맡기려면 반드시 먼저 그 마음을 괴롭게 만들고, 그 살을 다 빠지게 하고, 먹을 것과 입을 것을 아섭게 하고 그래서 지치게 하며 그가 하는 일 중에서 되는 일은 하나도 없이 자꾸만 꼬이게 한다. 그렇게 하는 까닭은 그 마음을 움직이고, 천성을 끈질기게 하여 자기의 성질을 참아서 그 전에 해내지 못했던 일을 더욱 잘할 수 있게 해주기 위함이다.

-뉴질랜드 전은림 선교사

『개척 교회 1% 성공 스토리』가 나간 후 후속타를 기대했는데 이 책은 보다 더 구체적인 개척 교회 탈출기를 제공해 주고 있어 일독을 권한다.

-하늘뜻교회 윤택유 목사

상록수명륜교회는 현재 2,200여 명의 교인을 1만 명으로 끌어올려 대형교회로 가는 발판을 구축하는 중인데, 짧은 시간에 개척 기간을 끝낸 그의 열정이 부럽다.

-안인숙 사모

"목회가 1% 성공 운동 세미나"에서 다루지 못했던 보다 구체적인 사역의 방향을 이 책은 제시하고 있어 많은 도움이 된다. 특히 사모들에게.

-김성자 사모

부흥은 "환경을 초월한 끈질긴 기도의 결과"라는 저자의 말에 공감하면서 다시 한번 나의 사역을 돌아보는 계기가 되었다.

-김성준 목사

하나님은 내 그릇이 준비만 되면 그냥 갖다 안겨주신다는 대목에서 나의 무능을 깨달았다.

-극동방송 한기봉 국장

"단순함"의 목회 철학은 언뜻 보면 이해가 되지 않지만 그가 말하는 것이 모자이크 교회의 코뿔소 전략인 것 같다.

-기독교 신문 최규창 국장

" Contents ...

Chapter 02... 출발을 넘어 도약으로

Chapter 01

교회를 열기까지

1

고난을 즐겨라

목회는 끝이 없는 인내의 길입니다. 또한 "땅 끝까지 이르러 나의 증인이 되라"는 주님의 지상명령을 수행하는 고독한 길이자, 희망찬 도전의 길이기도 합니다.

필자가 쓴 책 『개척교회 1% 성공스토리』가 나간 후 국민일보에는 다음과 같은 내용으로 글이 실렸습니다.

"경기도 안산시 본오1동 상록수명륜교회(이상철 목사)는 주님의 지상명령을 수행하기 위해 교회를 개척한 지 올해로 10년이 됐다. '지하 개척교회는 안 된다'는 현실적인 장벽을 뛰어넘어 개척 10년 만에 1,100가정이 등록한 제법 큰 교회로 성장했다. 상록수명륜교회의 성장사는 특이하다. 이상철 목사가 신학교 4학년 때인 1995년 교인 3명과 함께 안산시 사동 1371 지하 15평을 빌려 '명륜교회' 란 이름으로 교회를 개척했다. 사동은 아래 감자골로 불렸던 안산 지역의 오지였다. 하지만 그는 '기도하며 전도하고 양육하며 사랑과 봉사를 실천하는 교회를 만들겠다' 는 믿음 하나로 가시밭길에 발걸음을 내디뎠다. 개척 1년 동안은 어려움의 연속이었다. 전도를 해도 사람들은 좀처럼 교회를 찾지 않았다. 지하교회였기 때문이다. 전기요금을 내지 못해 전기가 끊긴 적도 한두 번이 아니었다. 그러나 그는 성령에 의지해 인내했다. 1년쯤 되었을 때 교인들이 늘어나기 시작했다. 성령 충만한 그의 희망적이고 사랑이 넘치는 메시지가 사람들의 입으로 전파되면서 교인들이 몰려오기 시작한 것이다. 상처 입은 사람들이 말씀과 성령 안에서 치유되고 물질적으로 축복받는 사람들이 늘어갔다.

개척 2년이 됐을 때 상록수 명륜교회는 대지 80평에 건평 50평의 성전을 인수해 지하에서 지상으로 부상했다. 그리고 다시 2년이 지난 1999년 교인들이 배로 늘어 성전을 2층으로 증축했다. 새벽기도와 전도에 불을 붙이고 제자양육에 힘써 2001년 12월 20일 다시 지하 1층, 지상 3층 규모의 교회를 인수했다. 그 후 1년 뒤 명륜교회는 교인이 다시 배로 늘어 2002년 말 지하 1층, 지상 4층의 상록수 교회와 통합해 '상록수명륜교회'로 새롭게 태어났다. 상록수명륜교회는 창립 10주년을 맞아 1만명 전도운동을 펼치고 있다. 현재 2000여 명의 교인을 1만명을 끌어올려 대형교회로 가는 발판을 구축하는 게 목표이다. 이를 위해 상록수명륜교회는 기도, 전도, 봉사, 교육을 균형 있게 실천하는 '조화와 균형'에 초점을 맞추고 있다. 이상철 목사는 "앞으로 조화와 균형 잡힌 목회를 해나갈 계획"이라고 말했다. 그가 말하는 '조화와 균형'은 말씀공부운동, 성령운동, 전도운동, 선교운동, 구제·섬김운동의 5개 운동을 균형있게 이뤄나가겠다는 것이다. 지난 16일부터 시작한 40일 특별 새벽기도회를 매년 한 차례 열고 가을에는 21일기도회를 개최할 계획이다. 전 성도를 새신자반, 기초반, 양육반, 제자반, 사역자반으로 나눠 집중적으로 성경공부를 실시하고 있다. 또 매주 목요일을 전도의 날로 정해 전 성도가 전도에 나서고 있다. 153명의 성도가 하루에 1시간씩 1주일 동안 기도하는 1·5·3 기도회를 열고 있으며 새벽기도회는 경건의 시간으로, 금요철야 기도회는 성령 체험의 시간으로 활용하고 있다."

비교적 소상히 우리교회를 소개하고 있는 이 기사를 보고 많은 선후배 목사님들이 세미나를 열어 동기 부여를 해줄 수 없느냐는 요청을 해왔습니다. 그래서 열게 된 것이 전국 "목회자 1% 성공운동 세미나"였습니다.

하지만 그 기사는 성공을 부각시키는 데 성공했지만 빠

진 게 있었습니다. 그것은 지금의 축복과 성장이 있기까지 겪어야 했던 칠흑 같은 어두움의 고난의 시간이 있었다는 것을 말입니다. 만약 그 고난의 긴 터널 없이 이루어진 축복이라면 이것은 분명히 오래가지 않을 것이고 사상누각처럼 곧 무너져 버릴 것입니다.

부흥은 환경을 초월한 끈질긴 기도의 결과

목회자의 임무에는 하나님의 세상구원을 선포하며 그의 주권 아래 모든 사람들이 복종하는 순결한 마음을 회복시키는 것이 포함됩니다. 하나님의 은혜로 교회를 섬겨 오면서 느낀 가장 중요한 것은 하나님은 믿음과 비전의 사람을 버리지 않으시고 사용하신다는 것이었습니다. 주님의 목적이 분명할 때 비전을 주시고 비전을 바라보는 희망과 소망을 갖게 하시고 결국 긍정적인 말의 결과로 믿음대로 이루어주신다는 것입니다.

필자가 쓴 책을 보고, "목사님! 제가 감동을 받아 일주일 간 금식하며 제 목회를 다시 점검했습니다.", "목사님! 저는 목사님의 책을 읽고 목회를 포기하려 하다가 목사님의 책을 읽고 다시 한 번 희망을 가지고 일어서기로 했습니다.", "목사님! 저는 사업에 실패해서 죽으려고 결심한 적도 있습니다. 그런데 목사님의 글을 읽고 '아! 이렇게 절망 가운데서도 목적을 분명히 하니 하나님이 기적을 베푸시는구나' 하는 것을 깨닫고 다시 주님을 위해 살기로 했습니다." 이런 식으로 간증하는 분들을 많이 만나게 되었습니다. 정말 하나님께서는 나같이 미천한 사람도 때가 되니 들어서 쓰시는구나 하는 생각에 몸 둘 바를 모를 지경입니다.

1995년 11월 2일, 성도 3명을 시작으로 11년간 처절하게 기도한 결과, 오직 하나님의 은혜와 주님의 사랑으로

2,200명 규모의 교회로 성장시킨 사례는 목회는 하나님이 하신다는 것을 보여준 이 시대의 증거입니다. 여기에서 제가 할 수 있는 이야기라곤 저의 부족함밖에 없습니다. 저의 자랑이 아니라 저같이 못나고 부족한 사람도 쓰시는 하나님을 자랑할 수밖에 없다는 것입니다.

교회를 시작한 그날부터 중형교회로 성장한 지금까지 제가 말씀드릴 수 있는 것은 부족한 목사를 만들어 가시고 다듬어 가시기 위해서 날마다 기적을 베푸시는 하나님의 은혜의 드라마였다는 것입니다.

제가 교회 이름을 명륜교회로 지은 것은 부족한 제가 밤샘기도를 한 결과였습니다. 하지만 하나님은 커다랗고 화려한 예배당을 주시기보다 지하25평, 그것도 주거용 10평을 제외하면 15평 남짓한 좁은 공간만을 허락하셨습니다. 두 가정 성도 3명으로 시작한 교인은 입 소문을 통해 10명이 됐습니다. 문제는 첫 임대료 50만원을 어떻게 마련해야 하는가였습니다. 저는 답답했습니다. 그러나 그것까지 하나님은 해결하셨습니다. 성도 중 한 명이 낸 첫 십일조가 무려 70만원이나 되었습니다. 예상하지 못했던 귀한 봉헌이었습니다. 천군만마를 얻은 듯 저는 용기를 얻었고 희망을 발견했습니다.

그렇게 최선을 다한 목회사역은 불과 2년 만인 1997년, 대지 80평, 건평 50평의 교회로 탈바꿈했습니다. 성장가도를 달리는 명륜교회의 건강한 목회스타일을 주목했던 인근 교회의 한 목회자가 저에게 "교회를 좀 맡아서 운영해 달라"고 부탁했던 것입니다. 그 교회는 무리한 건축으로 상당한 빚을 지고 있었습니다. 이렇게 해서 저는 부도난 교회를 부채를 안은 채로 양도받아 결국 건강한 교회로 탈바꿈시켰습니다. 그러니 어찌 제가 잘나서 목회를 했다고 감히 말하겠습니까? 저는 그때 깨달았습니다.

"아! 하나님은 내 그릇이 준비만 되면 그냥 가져다 안겨

주시는구나"

정말 흔들어 넘치도록 부어 주시겠다는 주님의 말씀이 이해가 되었습니다. 제가 헤아린 대로 받았다면 얼마나 받겠습니까? 그때부터 저는 하나님 앞에 헤아리지 않게 되었습니다. 목회를 하다보면 가슴 아픈 일이 어디 한두 가지입니까? 그때부터 저에겐 참 특이한 버릇이 생겼는데 10명이 모일 땐 100명이 모이는 교회의 목사가 가질 만한 '통'으로 마음을 먹었습니다. 흔히 말하듯 '통 크게' 생각한 것이지요. 100명이 넘어가자 저는 한 1,000명쯤 모이는 교회의 목사처럼 '통 크게' 생각했습니다. 지금 2,200명을 넘어가는 이 시점에 저는 10,000명이 모이는 교회의 목사님이라고 생각하고 모든 것을 대범하게 생각합니다. 그런데 놀라운 것은 '통' 크게 생각하니 정말 제 자신의 통이 커지고 정말 교회가 점점 통 크게 성장하더라는 것입니다. 저의 목회핵심은 새벽기도와 금요기도입니다. 저에게 있어서는 절대 포기할 수 없는 부분입니다. 그래서 가끔 설교 중에라도 농담조로 "기도하기 싫으면 다른 교회를 찾으십시오."라고 말하곤 합니다.

왜냐하면 기도의 결과로 얻은 것이 정말 많았기 때문입니다. 2년을 주기로 성전을 증축, 또 인수를 계속하게 되었습니다. 그리고 2002년 11월에 지하 1층 지상4층의 교회를 또 한 번 인수받게 되었습니다. 역시 부도난 교회였습니다.

정말 이상했습니다. 저는 쓰러져 가는 교회를 받아서 다시 세우는 일에 부르심을 받은 듯 했습니다. 3명으로 시작한 교회가 이런 과정을 거쳐 현재 2,200여 성도가 출석하는 교회로 바뀐 것입니다. 통 크게 생각하고 통 크게 기도하니 정말 하나님이 통 크게 은혜를 주시는 것 같았습니다.

지금부터는 이러한 하나님의 역사와 증거들을 여러분들

에게 가감 없이 솔직히 고백하려고 합니다. 저의 글에서 혹시라도 인간 이상철 목사가 보인다면 용서해 주십시오. 아직도 하나님의 은혜가 필요한 부분이 있기 때문임을 기억하시고 오직 하나님의 능력과 은혜만을 찾는 복된 여러분들이 되시기를 바랍니다.

2
오늘의 시련, 내일의 극복

플라시도 도밍고, 루치아노 파바로티와 함께 '테너 빅3'로 불리는 호세 카레라스. 세계인들은 그의 목소리를 '신이 준 선물'이라고 극찬합니다. 그러나 카레라스가 극도로 힘겨운 고난의 강을 건넌 후 훨씬 감동적인 노래를 들려주고 있다는 사실을 아는 사람은 드물 것입니다.

1987년은 카레라스에게 인생의 전환점이었습니다. 그는 백혈병 판정을 받고 절망했습니다. 그리고 그는 2년 동안 노래를 중단하고 힘겨운 투병생활을 했습니다. 그러나 백혈병이라는 무서운 병을 이겨내고 그가 다시 무대에 설 것이라 생각하는 사람은 아무도 없었습니다. 사람들은 그의 재기를 의심했습니다. 그러나 그는 불굴의 의지로 백혈병을 이겨내고 다시 한 번 신의 목소리를 세계인들에게 선물했습니다. 카레라스는 최근 한국에서 콘서트를 가진 후 이렇게 말했습니다.

"한국의 백혈병 환자들을 위해 무엇인가를 하고 싶습니다. 그 방법을 내게 가르쳐주십시오."

이 얼마나 아름답고 고마운 말입니까? 고난의 강을 건너본 사람은 인생의 폭도 그만큼 넓어집니다. 오늘의 시련은 내일의 삶을 가치 있게 만드는 좋은 재료이기 때문입니다. 다만 지금 이 시간이 약간 힘들 뿐입니다. 그 강을 건너면서 새로운 세상이 우리를 기다리고 있습니다.

제가 희망의 전령이요, 꿈을 전하는 행복한 전도자가 될 수 있었던 이유 중 가장 중요한 것은 내 생의 전반부가 온통 고난으로 가득 차 있기 때문일 것입니다.

저는 충청북도 충주에서 한참 떨어진 시골마을에서 태어났습니다. 전형적인 시골 농사꾼의 아들로, 3남4녀 중 다섯째로 태어나 어려서부터 농사를 배워야 했습니다. 자신의 땅이라고는 밭 한 뙈기밖에 없는 소작농의 가정에서 가난을 지붕삼아 빈한한 삶을 살아가고 있었습니다.

그 무렵 저희 집에는 우환도 있었습니다. 바로 위의 형과 아래 동생이 태어난 지 얼마 되지 않아 손을 써 볼 겨를도 없이 질병으로 세상을 떠났기 때문입니다. "부모가 죽으면 땅에 묻고 자식이 죽으면 가슴에 묻는다"는 말이 있듯이 아버지와 어머니는 이 일 때문에 두고두고 마음 아파하셨습니다. 어머니는 남아 있는 자식들에게라도 더 이상 이런 일들이 일어나지 않기를 바랄 뿐이었습니다. 하지만 그 가난과 억울한 죽음의 그림자는 부모님 평생을 두고 떠나가지 않는 짙은 그림자였습니다.

그러던 차에 저도 병에 걸려 3일 동안 의식을 잃고 사경을 헤맨 적이 있었습니다. 그러자 부모님들은 우리 집안에 알지 못할 우환이 덮여 있다고 생각하셨습니다. 어려서부터 자주 경기를 일으켜 의식을 잃곤 했었는데 이렇게 3일간이나 의식을 잃은 것은 처음이었습니다. 아버지와 어머니는 용하다는 의원을 불러 침도 놓고 약도 먹여보았지만 회복의 기미는 전혀 보이지 않았습니다. 때문에 부모님은 '이 아이마저 이렇게 보내야 하는구나' 하며 가슴만 쥐어뜯으셨습니다. 그런데 3일이 지난 후 나는 어머니의 정성 어린 간호와 하나님의 은혜로 의식을 회복하게 되었습니다. 당시만 해도 하나님을 믿지 않으셨던 부모님은 자식들에게 일어나는 일에는 보통 사람이 알 수 없는 어떤 원인이 있을 것이라고 생각하시고 무속의 힘을 빌려 이런 일이 다시 일어나지 않도록 무언가 조치를 취하려 하셨습니다.

이 땅의 대부분의 민초들이 그랬듯이 무지의 소산인 미신과 불결한 생활에서 오는 질병으로 많은 아이들이 태어난 지 얼마 되지 않아 세상을 떠나야 했습니다. 저 역시 영양실조와 온갖 세균성 감염으로 인하여 뇌수막염 비슷한 것을 앓고 있었던 것입니다. 그런데 부모님들은 그것이 귀신이 주는 병으로 여겨 저의 기력이 완전히 회복된 후 부모님은 저를 데리고 무당을 찾아 갔습니다.

대개 그렇듯이 맥도 모르고 침놓는 돌팔이 같은 무당이 아이가 장수하기 위해서는 수명이 아주 긴 양아버지를 두어야 한다고 말하는 것이었습니다.

그래서 내려진 처방이 천년만년 사는 마을 뒷산의 큰 바위에게 아이를 드려 바위를 양아버지로 삼으라고 했습니다. 아버지와 어머니는 이 말을 의아해하시면서도 자식을 위한 일이니 무엇인들 못하랴 하는 심정으로 뒷산 큰 바위를 찾아가셨습니다. 그리고는 마치 바위가 살아 있기나 한 것처럼 큰 바위에 절을 하며 저를 양아들로 삼아줄 것을 부탁하는 제사를 지냈던 것입니다.

이때부터 저는 신령한 바위의 아들이 되었습니다. 그 후부터 부모님 손에 이끌려 해마다 수차례 뒷산 큰 바위 양아버지에게 제사하러 다녀야 했습니다. 그렇게 무지에 빠져 우상숭배하는 죄를 범하고 있었지만 하나님은 애굽의 속박에 신음하는 백성들의 소리를 들으시고 그들을 권념하셨듯이 저도 권념하고 계셨습니다.

그 무렵 집안에 또 우환이 왔습니다. 집안의 기둥이요, 우리집의 대들보이신 아버지의 몸이 편찮으신 것이었습니다. 다른 사람에 비해 원래 몸이 약하셨던 아버지였지만 앓아 누울 정도는 아니었습니다.

그런데 제가 여섯 살 되던 해엔 병환으로 아주 자리에 누우시고 말았습니다. 아버지가 더 이상 생계를 책임지실 수 없게 되었습니다. 억척스럽게 일을 해야 하는 농촌 살림에 어머니가 홀로 밭일을 하셨지만 그것으로는 턱도 없었습니다. 지친 어머니는 다시 무당을 찾아가 이리저리 점괘를 내 보셨습니다. 그랬더니 무당이 대뜸 "에이! 세상을 먼저 뜬 고모 귀신이 훼방을 해서 가정에 우환이 끊이지 않는 게야. 푸닥거리를 해야 돼. 이번에 아주 큰 걸로 말이야." 하고 호통을 쳤습니다.

집안에 우환이 끊이질 않는 이유가 일찍 죽은 고모 귀신 탓이라고 하니 그 원혼을 달래는 굿을 안 할 수 없었습니다. 없는 살림에 또 다시 굿을 하려 했지만 돈이 있을리가 없었습니다. 그러던 어느 날, 어머니는 밭에서 일을 하시다가 집안의 액운을 없애려면 굿을 해야 된다는 무당의 말에 모순이 있다는 것을 깨달으셨습니다.

'만일 고모 귀신이 있다면 누나가 되어 어찌 그 가족인 동생을 해할 수 있겠는가? 오히려 그 동생을 도와야 이치에 맞지 않는가?' 생각이 여기까지 미치니 무당의 말이 틀렸다는 생각이 들더랍니다. 당시 어린 제가 생각해도 이치에 맞는 말이었습니다. 어머니는 비록 공부를 많이 하지는 못하셨지만 현명하신 분이 틀림없었습니다. 그때 마침 밭 건너편에 2년 전에 처음으로 동네에 세워진 교회가 어머니의 눈에 들어왔다고 합니다. 그 교회를 쳐다보면서 이런 마음이 들었답니다.

'내가 엉터리 같은 무당의 말을 들으니 차라리 저 교회에나 가서 하나님께 한번 물어 볼까? 예수 믿으면 복을 받는다고 하던데…' 지금 돌이켜 보면 이는 성령님이 주신 감동입니다. 그렇게 마음먹은 지 며칠 후, 어머니는 그 교회에 나가기 시작하셨습니다. 그리고 몇 주일이 지나지 않아 어린 나와 형제들도 모두 어머니를 따라 교회에 다니기 시작하셨습니다.

이런 가족사를 돌이켜보면 하나님의 인도하심은 한마디로 신묘막측 그 자체입니다.

결국 아버님의 병환으로 인해 우리 가정은 하나님을 처음으로 알게 되었고 교회에 나가 예수님을 만나게 되었습니다. 그렇게 해서 저와 온 가족이 구원을 받았지만 워낙 병환이 중하셨던 아버지는 제가 10살이 되던 해 결국 돌아가셨습니다. 하지만 우리 가족들은 아버님의 죽음에도 불구하고 교회에서 배운 믿음으로 오히려 슬픔을 이겨내고 희망을 가지고 살아가게 되었습니다. 인간의 생사화복을 주장하시는 하나님의 은혜와 사랑으로 말미암아 온 가족을 구원해놓고 아버지는 하늘나라로 가셨던 것입니다.

하나님을 사랑하는 자, 곧 그 뜻대로 부르심을 입은 모든 자들에게는 모든 것이 합력하여 선을 이룬다는 것을 어렴풋이나마 깨닫게 되었고 우리 가족뿐 아니라 저까지도 신앙 가운데 자라면서 장차 하나님의 사랑과 은혜를 전하리라는 꿈을 갖게 되었습니다.

3

가난을 숙명으로

무식하면 용감하고, 미친놈이 곰 잡는다고 저는 개척이 뭔지도 몰랐고 돈이 얼마나 무서운지도 몰랐고 아무것도 몰랐습니다. 그때는 그저 하나님께서 제게 주신 불덩어리 하나만 가지고 뛰어다녔습니다. 만약 제가 꿈에 미치지 않았다면 풀무불속 같은 그 환난을 이겨낼 길이 없었을 것입니다.

호텔 왕 콘레드 힐튼은 어느 날 5달러짜리 쇠막대기 하나를 손에 들고 직원들 앞에 섰습니다.

"여러분! 이 5달러짜리 쇠막대기는 그대로 두면 녹슬어서 쓸모없게 되어 버릴 것입니다. 그러나 이 쇠막대기를 녹여서 말발굽을 만들면 20달러를 벌 수 있습니다. 그리고 바늘을 만들면 3,200달러를 벌 수 있고, 이것으로 첨단 기계에 사용되는 용수철을 만들어 팔면 250만 달러를 벌어들일 수 있습니다. 언제까지 원자재 타령만 할 것입니까? 인생은 언제나 도전자의 몫입니다."

언젠가 한 목사님으로부터 들은 말이 기억납니다. 큰 교회만 쳐다보고 있지 말고 큰 예배당만 쳐다보고 있지 말고 하나님께서 내게 주신 틈새를 볼 줄 알아야 합니다. 우리 목회에서 틈새시장을 노리는 그런 안목이 있어야 합니다. 어떻게 보면 개척하는 게 제일 쉬울 수 있습니다. 전통과 역사가 있는 교회에 들어가서 거기서 구조를 바꾸고 거기서 오랫동안 태도가 굳어버린 장로님들의 의식을 바꾸어 나가는 것이 더 어려운 도전일 수 있습니다. 그것도 두려워하지 말고 사명을 가지고 도전하는 사람들이 있어야 하지만 말입니다.

또 이런 말씀도 들은 기억이 납니다. 개척교회를 하다 보면 별의 별 사람들을 다 만난다는 것입니다. 통장 들고 와서 돈 자랑하는 사람, 은근히 직분 타협을 하는 사람(다른 교회에서 장로 투표 받을 사람인데 이렇게 개척 교회로 왔다는 등) 등, 그런 경우에 과감히 거절하라고 했는데 정말 그랬습니다. 개척교회에는 자신들을 인정해 줄 것을 요구하는 사람들이 많이 찾아옵니다. 그들을 잘 교육해서 하나님만 바라보게 해야 합니다. 엉뚱한 것을 바라보고 섬기게 되면 그 엉뚱한 것이 이루어지지 않아도 문제고, 이루어져도 문제입니다. 사람을 잘 분별할 줄 아는 것도 어떻게 보면 영 분별의 은사인 것 같기도 합니다.

그리고 개척교회를 하다 보면 하나님께서 가르쳐 주시는 것이 있습니다. 바로 철저히 하나님만 의지하라는 것입니다. 사람을 의지해 보십시오. 반드시 그 사람으로부터 상처를 받습니다. 사람을 의지하지 않는 것을 배우는 과정이 아마 교회 개척의 과정이 아닌가 생각합니다.

필자의 교회가 있는 경기도 안산시 본오동 상록수역 근처는 사실 다소 외곽에 속하는 곳입니다. 교회를 개척할 때 입지가 얼마나 중요합니까? 전 전도사 때 교회를 개척했기 때문에 목회학적으로 그런 것을 잘 몰랐습니다. 다만 12살 때 참석했던 어느 부흥회를 통해 성령체험을 하고 방언을 받았고, 그리고 "너는 나의 종이다"라는 하나님의 음성을 들은 후 신학교를 갔고 그 시절부터 목회자의 길을 깨닫고 순종하기로 결심했습니다. 하지만 돈이 좀 모이면 사역을 하겠다고 생각하다가 이도저도 안되고 오히려 빚만 늘어 더 늦기 전에 순종해야겠다는 생각으로 개척했을 뿐입니다.

지금도 십여 년 전 개척 당시의 상황을 생각하면 정말 많은 어려움의 기억들로 가득합니다. 2억 원이 넘는 빚이 있는 상태에서 주머니에 남은 단돈 500만 원을 가지고 교회를 개척한 것이 1995년의 일이었습니다. 저는 안산의 구석에 있는 사동에 25평짜리 지하실을 얻어 성전 공간을 마련하고 겨우 3명으로 교회를 시작했습니다.

하지만 저는 처음부터 큰 욕심을 부리지는 않았습니다. 주어진 상황 속에서 제가 가진 은사와 달란트를 최선으로 활용하는 데 노력을 기울였을 뿐입니다. 현재의 상황에선 현재의 상황에 맞게 노력하고, 나중에 좀 더 상황이 나아지면 또 그에 맞게 노력하는 것뿐 목회를 적극적으로 하고 싶어도 어떻게 방법이 없었습니다. 하지만 개척 단계를 차근차근 밟아나가는 과정 중에 하나님의 은혜가 하나 둘 나타나기 시작했습니다. 그리고 하나님께서는 매 상황마다 기회를 주셨습니다. 사실 저의 믿음은 남들이 보기엔 무모할 정도였습니다. 수중에 몇 백만 원밖에 없으면서도 수억에서 수십억 원에 달하는 교회를 떠안은 것이 7년 동안 무려 세 번이었으니까요. 인간적인 생각으로는 불가능해 보이는 일이었지만, 하나님께서는 또 다른 해결책을 제공해 주셨습니다.

그 해결책이란, 오직 믿음 하나로 시작한 교회가 짧은 시간에 급속도로 성장하게 된 것이었습니다. 저는 교회가 아무리 어려워도 성도가 늘어나면 물질은 해결된다는 공식을 굳게 확신하고 있었습니다. 물질적인 많은 위기들이 있었지만, 그 때마다 하나님께서는 부흥을 통해 문제를 해결해 주셨던 것입니다.

상록수명륜교회는 개척 11년이 지난 지금 교육관을 포함하여 1,000여 평에 이르는 교회건물을 가지고 있고, 1,100가정 약 3,000여 명에 이르는 재적성도를 보유하게 되었습니다. 너무나 열악한 상황에서 이루어낸 하나님의 성공 스토리라 할 것입니다.

교회 개척 이전에도 저처럼 가난을 운명처럼 지고 살아

온 사람도 그리 많지는 않을 것입니다. 지난번에 낸 책에
도 잠시 말씀을 드렸지만 정말 가난은 나의 지긋지긋한 오
랜 친구였습니다. 지금은 하나님의 은혜로 가난을 떨쳐버
리고 살고 있지만 아주 오랜 동안 가난은 늘 가까이에서
나를 괴롭혔습니다. 그동안 수없이 가난과 결별을 선언했
음에도 가난은 잠시 내 눈을 피해 숨어 있는 듯하다가 어
느 샌가 내 뒤로 바짝 다가와 있곤 했습니다.

아버지가 돌아가신 후 형편은 더욱 어려워졌습니다. 가
족에 보탬이 되기 위하여 학업을 포기하고 일터로 나간 큰
누님과 형님들이 생활비를 보내오긴 했지만 기울 대로 기
울어버린 집안 형편을 일으켜 세우기에는 역부족이었습니
다. 가난이 우리와 동거한 것이 어제 오늘의 일은 아니었
지만 가난이 심술을 부릴 때마다 우리 가족이 겪어야 했던
고통은 참으로 말로 다 설명하기 어려운 것이었습니다.

또 이러한 환경 속에서 자라온 내가 지금은 가난을 친구

라고 말할 수 있는 데는 남다른 이유가 있습니다. 가난이 더해질수록 어머니와 나는 더욱 하나님께 가까이 나갈 수 있었기 때문입니다. 어머니는 신앙을 갖기로 작정하셨던 그날부터 매일 새벽마다 자녀들을 위하여 기도하셨습니다. 하나님의 도움 없이는 자녀들을 올바로 키울 수 없다는 사실을 분명히 알고 계셨던 어머니는 형편이 어려워질수록 절망하거나 포기하기보다는 오히려 하나님을 더 신뢰하며 그분께 매달리셨습니다.

나 역시 어머니 손에 이끌려 새벽기도와 예배를 다니면서 조금씩 조금씩 신앙이 자라게 되었습니다. 어린 나이였지만 어머니의 간절한 기도를 곁에서 지켜보면서 배고프고 부족할수록 낙심하기보다는 하나님께 더욱 의탁해야 한다는 것을 온몸으로 배우게 된 것이었습니다. 가난은 내게 아픔을 주었지만 뒤돌아보면 하나님께 가까이 나갈 수 있도록 인도해 준 친구였습니다.

얼마 전 우리 상록수명륜교회의 성장 이야기를 담은 『개
척교회 1% 성공스토리』라는 책을 낸 바 있다고 말씀 드렸
는데, 그 책의 뒷부분에는 저의 목회경험을 기반으로 체계
화된 교회성장의 7단계가 소개되어 있습니다. 이 부분을
보고는 수많은 곳에서 저에게 목회자 세미나를 요청해 오
셨습니다. 가서 과분할 정도로 대접을 받고 은혜를 받고
옵니다. 하지만 제가 그 자리에서 전할 수 있는 말씀이라
곤 단 한 가지 "하나님의 능력을 믿으면 일을 벌이고 힘껏
간구하라"는 것입니다.

첫 단계는 기도입니다. 가족들과 몇 명 안 되는 개척 멤
버들끼리 다양한 기도 프로그램—새벽기도, 철야기도, 중
보기도, 릴레이기도, 금식기도, 산기도 등—을 만들어 실행
했습니다. 남들이 보면 "그 교회에 무슨 행사가 저리도 많
아." 할 만큼 거의 매주 기도회나 행사 현수막이 내걸렸습
니다. 그러다보니 기도하고 싶어하는 성도들이 점점 모이

게 되었고, 기도 가운데 성령체험의 역사가 활발하게 일어
나게 되었습니다.

성도가 좀 모인 다음엔 두번째 단계인 전도에 집중하기
시작했습니다. 새로 모인 성도들 가운데 전도의 은사가 탁
월한 성도들을 적극적으로 활용하기로 한 것입니다. 활발
한 전도를 통해 성도 수가 100명을 넘어서자 이제는 예배
에 신경을 쓰게 되었습니다. 음향, 조명, 리허설에도 관심
을 보이면서, 성도들이 교회에 나와서 예배드리고 나면 은
혜 받고 감동받을 수 있도록 노력하게 되었습니다.

저희 상록수명륜교회에는 불신자였다가 회심한 새신자
들의 비율이 85-90%에 이르렀습니다. 그만큼 불신자 전도
가 성공적이었다는 얘기입니다. 불신자 전도 노하우는 "직
접 가서 부딪히면 답이 나온다"는 대답밖에 들려 드릴 것
이 없습니다. 낯선 곳이라도 한 두 달만 직접 부딪혀보면
어떤 전도방법이 좋을지 파악이 됩니다. 특별히 저희 상록

수명륜교회는 외진 곳에 위치하고 맞벌이가 많은 안산 지역의 특성을 고려하여 상가 구역을 집중적으로 공략했습니다. 매주 차와 음료수 등을 준비하여 상가 구역과 버스 정류장에서 전도를 쉬지 않기를 1년, 점차 지역주민들의 마음이 열리는 모습이 확인되었습니다. 혹 교회 나가려는 사람이 있으면 안 믿는 사람들조차 상록수명륜교회를 가 보라고 추천했을 정도였습니다.

그 다음 단계는 봉사와 선교입니다. 교회는 커가는 만큼 사회봉사에 힘써야 합니다. 그래야 좋은 소문이 납니다. 그러나 봉사 자체를 위한 봉사가 아니라 교회에 나와 예수 그리스도를 영접한다는 영혼구원의 전제 하에서 이런 사업들이 진행되고 있습니다. 특별히 저희 상록수명륜교회는 기아 문제, 장애인 문제 등에 많은 관심을 가지고 활동하고 있습니다. 또한 안산의 선교단체들과 협력하여 매달 1,000만 원 이상을 세계선교 사업을 위해 사용하고 있습니다.

4

어려울 때의 기억이 방법이 된다

시골에서 자란 영향인지, 저의 목회철학은 '단순함' 으로 밖에 표현할 방법이 없습니다. 목회도 농사와 같은 것이어서, 항상 돌보지 않으면 안 되는 것이라고 생각했습 니다. 저의 사무실에는 잠언 27:23의 "네 양 떼의 형편을 부지런히 살피며 네 소 떼에 마음을 두라"는 말씀이 걸려 있는데, 저는 항상 모든 관심을 목양에 두면서 복음을 그 근본으로 삼고 있습니다. 복음을 전하는 데 방해된다면 무 엇이든 과감히 버릴 수 있어야 한다는 것이 저의 목회철학 입니다.

또 하나의 목회철학의 축은 바로 성령님이십니다. 저는 수많은 성령체험의 경험을 통해, 전폭적으로 성령을 의지하면 그분이 알아서 다 해주신다는 믿음을 갖게 되었습니다. 저는 도저히 풀리지 않는 문제가 있으면 오히려 가만히 둡니다. 그러면 성령께서 방법을 알려주시고, 해결해주셨습니다. 도저히 이뤄질 수 없는 여건에서 이뤄진 교회와 함께해왔던 만큼, 저에게는 성령의 인도하심이 가장 강력하고도 중요한 목회의 교과서인 것입니다.

저는 제 자신에게 믿음의 은사가 있음을 깨닫게 되었습니다. 그 동안 목회 과정에서 도저히 안 될 일들을 진행하다보니 가족들과 성도들, 동료 목회자들이 많이들 걱정해주었습니다. 그러나 저에게는 1%의 근심 걱정도 없었습니다. 왜냐하면 하나님이 해주신다 하셨으니 반드시 될 것이라는 믿음을 가졌기 때문이었습니다. 저는 개척 직후부터 교회로 새신자들이 마구 밀려들어오는 모습을 믿음의 눈으로 보았습니다. 지금 저희 상록수명륜교회는 1만 명 구원을 비전으로 외치고 있습니다. 계속해서 7만명, 20만명, 100만명의 비전을 외칠 것입니다.

제가 한국교회의 많은 목회자들을 보며 마음 아파하는 점이 있습니다. 객관적이라는 명목 하에, "안 된다"는 생각이 너무나 팽배해 있다는 점입니다. 그러나 저는 하나님의 사역은 순종만 하면 이루어진다는 것을 체험했습니다. 우리 사업이 아니라 하나님의 사업이기 때문입니다. 저는 처음부터 너무 크게 생각하지 말고 1%만 성공하도록 노력하자고 스스로에게 말했습니다. "1%만 성공하면 99%도 가능하다. 작은 것부터, 단계별로 하나하나 해나가면, 반드시 교회는 성장할 것이다."라고 생각한 것입니다. 저희 교회 같은 곳, 저 같은 무지렁이 목사의 교회가 부흥되었다면, 한국에서 성장하지 못할 개척교회는 없습니다. 하나님은 제가 어려울 때의 기억들을 저에게 심어 두셨다가 제가 목회할 때 그것들이 목회의 방법이 되게 하셨습니다.

저에게는 이미 고인이 되셨지만, 결코 잊을 수 없는 누님이 한 분 계십니다. 나 때문에, 그리고 집안의 어려움 때문에 많은 고생을 했던 누님의 아픔을 어찌 내 미력한 필설로 다 이야기할 수 있을까요?

그분은 나의 둘째 누님으로 이름은 '이영자' 입니다. 둘째 누님은 누구보다 사랑이 많았는데 아버지와 어머니가 밭일을 나가면 언제나 어린 나를 자상하게 돌봐주었습니다. 동네 또래 아이들과 고무줄 놀이며 숨바꼭질 놀이를 할 때조차 누님은 날 업은 채로 친구들과 함께 어울려 노셨습니다.

그러다 제가 초등학교 2학년이 되자 누님은 어느 부잣집에 가정부로 들어갔습니다. 전부터 여러 가지 일을 하면서 가정살림을 도와오던 누님이 저를 중학교에 보내겠다며 남의 집 허드렛일을 도맡아 하게 된 것이었습니다. 그런데

이렇게 고생하며 학비를 마련하였는데 갑작스런 집안의
문제로 그동안 모아온 돈을 한꺼번에 써야 할 상황이 발생
했습니다. 누님은 가정부 일을 그만두시고 며칠 동안 상심
해 있었습니다.

하루는 밖에서 놀다 저녁 늦게 집으로 돌아오는데 집 앞
에서 누님이 저를 기다리고 계시더니 제 볼을 어루만지며
"상철아, 내가 너만큼은 꼭 중학교에 보내 줄 테니까, 다른
걱정하지 말고 공부나 열심히 해, 알았지?" 하는 것이었습
니다. 나는 얼떨결에 고개를 끄덕였지만 빨갛게 물든 저녁
놀의 반사 탓인지 붉어진 누님의 눈시울은 왠지 슬퍼보였
습니다.

며칠 후 누님은 시집을 갔습니다. 누님은 저를 중학교에
보내 주는 조건으로 중매인을 통해 이웃동네에 사는 한 사
람과 결혼을 한 것이었습니다. 누님이 시집을 가고 얼마
후 약속대로 저는 매형의 도움으로 중학교에 다니게 되었

습니다. 당시 우리 마을에는 중학교가 없었기 때문에 저는 충주에 있는 중학교에 진학하였습니다. 누님이 문산에 신혼집을 꾸리고 있었으므로 저는 거기서 거처하며 중학교를 다녔습니다. 학교까지는 버스를 타고 한참을 가야하는 먼 거리였지만 중학교에 다닐 수 있는 것만으로 얼마나 기뻤는지 모릅니다. 누님은 내가 공부에 전념할 수 있도록 온갖 배려를 다 해 주셨습니다. 아이를 임신하여 먹고 싶은 것이 많았을 텐데도 누님은 아껴 모은 돈으로 자신보다는 동생을 위해 쓰는 것을 더 기쁘게 생각하셨습니다. 이러한 누님의 사랑과 배려로 저는 공부에 전념할 수 있었습니다.

중학교 1년 과정을 마치고 겨울 방학이 되었습니다. 방학 기간 동안 저는 문산에 있으면서 도서관에 다니며 다음 학년 과정을 준비하고 있었습니다. 그 때 충주의 한 교회에서 유명한 목사님을 초청하여 부흥회를 열었습니다. 하나님께서 내게 주신 비전이 목회자였고 또한 부흥 강사를 꿈꾸었던 나는 가능한 한 많은 예배와 집회을 참석하고 싶었습니다. 그날 저녁 집회까지 참석하고 늦게 문산으로 돌아와 보니 집안이 말끔히 청소된 채 아무도 없었습니다. 처음엔 좀 이상하다고 생각했지만 누님이 출산을 앞두고 있었던지라 '아이를 낳으러 병원에 갔나보다' 라고 생각했다. 그런데 밤늦게 전해들은 말은 나를 그 자리에 주저앉게 만들었습니다. 누님이 아이를 낳다가 숨을 거두었고 지금은 장례식을 치르는 중이라는 것이었습니다. 연락을 받자마자 누님의 빈소로 정신없이 달려갔습니다.

"아니야, 그럴 리 없어."

저는 누님의 죽음을 끊임없이 부정하며 제발 착각이거나 장난이기를 바라고 또 바랐습니다. 빈소까지 달려가는 그 시간이 왜 그리 길게만 느껴지는지…

허겁지겁 누님의 빈소를 찾아가니 매형이 눈물을 머금

은 채 아무 말 없이 나를 맞아 주었습니다. 저는 누님이 돌아가셨다는 것을 인정하고 싶지 않았습니다. 당장이라도 누님이 제 앞에 나타나서 화사하게 웃으실 것만 같았기 때문입니다. 하지만 누님의 영정을 보는 순간, 누님의 죽음을 사실로 받아들여야만 했습니다. 나는 한동안 목이 메어 소리도 못 내고 하염없이 눈물만 흘렸습니다. "내가 뭐길래, 못난 동생 공부시키겠다고 고생만 하다가 이렇게 먼저 가면 어떻게 해?' 서러움이 목까지 차 올라 말도 잘 나오지 않았습니다.

"누님에게 받기만 하고 해준 것은 하나도 없는데…."

누님을 잃은 슬픔은 입술에서 원망 아닌 원망으로, 미안함으로, 그리고 그리움으로 흐느끼며 새어 나왔습니다. 동생으로서 누님의 마지막 가는 길을 지켜보지 못한 것이 더더욱 마음 아프고 미안했습니다. 누님은 사진 속에서 말없이 나를 바라보고 있었습니다. 늘 자상했던 누님. 영정 속에서까지도 미소를 지으며 자상하게 내려다보는 누님의 모습은 저를 더욱 슬프게 하였습니다.

저는 누님에게서 진정한 사랑이 무엇인지를 배웠습니다. 누님은 아무 조건 없이 저를 위해 자신을 희생하셨습니다. 그게 예수님의 사랑이 아닐까 생각했습니다. 자신만을 위해 살았다면 누님도 다른 여자들처럼 얼마든지 예쁘게 자신을 꾸미며 살 수 있었을 테지만 누님은 동생을 위하여 이 모든 것을 포기했습니다. 동생들을 위해 좋은 옷 한 번 못 입어보고 갖은 고생을 다 하셨던 누님!

누군가 "희생이 없는 사랑은 사랑이 아니다."라는 말을 한 적이 있습니다. 저는 누님의 희생적인 사랑을 통해 작은 예수를 보았습니다. 누님은 저에게 사랑을 가르쳐 주었고 그때까지만 해도 피상적으로만 알고 있었던 예수님의 사랑이 어떤 것인지 절실히 느끼게 되었습니다. 예수님께서 십자가를 지신 사건을 더 이상 지식으로만 알아서는 안

된다고 확신하기에 이르렀습니다. 또한 감정적으로만 이해하려 해서도 안 된다고 믿게 되었습니다. 십자가 희생을 마다하지 않으셨던 그 애달프고 처절한 주님의 사랑은 우리의 삶 속에서 경험되어야 합니다. 희생이 동반된 사랑, 주님은 누님을 통해 이것을 저에게 가르쳐 주셨습니다.

저의 목회에 의외로 구제가 많고 특수선교가 많은 것도 이 때문입니다. 그 당시는 너무나도 비극적이고 가슴 아픈 상처로 남아 있지만 하나님은 누나의 죽음을 통하여 저에게 사랑을 각인시켜 주셨습니다. 그리고 깊은 마음의 상처를 통하여 타인의 향한 배려와 사랑을 적극적으로 실천하게 해 주셨습니다.

저는 하나님이 목회자를 세우실 때 과거의 아픈 상처까지도 유용하게 쓰신다는 것을 깨달았습니다. 그 때 이후 저는 지금 비록 어렵고 힘들고 쌓인 상처가 깊을지라도 분명 그 고통에는 하나님의 뜻이 있음을 믿게 되었습니다.

그리고 만약 지금 제가 감당할 수 없는 고통을 만날지라도 이제는 두려워하거나 회피하지 않습니다. 이 일을 통하여 후일에 하나님이 하실 일이 있다고 믿게 되었기 때문입니다.

5

꿈이란! 여기서 저기를 사는 것

언젠가 류영모 목사님의 글에서 이런 이야기를 읽었습니다. 어떤 젊은 부인이 아기를 낳았습니다. 그런데 아기가 약해서 안고 젖을 먹일 수 없어서 인큐베이터 신세를 졌습니다. 산모는 자기 품에서 젖을 먹이고 싶었지만 아기는 아직 치료를 받아야 하고 젖은 말라 갔습니다. 젖이 마르지 않게 하기 위해 산모는 한 가지 방법을 생각해 냈습니다. 아기의 사진을 찍어 와서 머리맡에 붙여 놓고 아기에게 젖을 먹이는 꿈을 꿀 수 있게 해달라고 늘 기도했습니다. 놀랍게도 그때부터 젖이 마르지 않더랍니다. 아기에게 젖을 먹이는 꿈을 꾸니까 젖이 안 마르더라는 이야기입니다. "아이고, 아기가 오기 전에 젖이 말라붙으면 어떡하지. 젖 먹이기는 틀렸네" 하면 젖이 말라붙지만 꿈을 꾸고 비전을 가지면 꿈꾼 대로 이룰 수 있다는 얘기입니다.

이런 일이 어떻게 가능합니까? 비전이 돈이기 때문에 가능합니다. 교회가 선포한 비전 "우리 교회는 잘 될 비전이 있다"는 점에 자기도 모르게 세뇌가 되고 나니까 교인들은 담보를 내놓는 데도 인색하지 않았다고 했습니다. 저희 교회도 마찬가지로 아직까지 한 번도 담보가 없어서 궁해 본 적이 없습니다.

수정교회를 개척하고 부흥시킨 로버트 슐러 목사님도 꿈을 갖고 시작하셨습니다. 그분은 꿈을 꾸기 시작했습니다. 마침 거기에 '드라이브인 극장'(Drive-in Theater)이라고 해서 자동차를 몰고 가서 영화를 감상하는 큰 벌판이 있었습니다. 낮에는 영화를 상영할 수 없으니까 그 곳을 임대해서 십자가를 놓고 '드라이브인 교회'(Drive in church)를 세워 자동차를 타고 와서 예배를 드릴 수 있게 했습니다. 첫 주일에는 35대의 자동차가 왔고 점차 백 대, 2백 대로 자동차가 늘어갔습니다. 이것이 세계적으로 위대한 교회로 손꼽히는 수정교회의 시작입니다.

꿈은 우리 인생을 무한한 가능성과 창의력으로 이끌어 줍니다. 그러나 인생의 돌베개 없이 꾸는 꿈은 모두 공상입니다. 말씀과 예수 없이 꾸는 꿈은 모두 개꿈입니다. 하나님 없이 꾸는 꿈은 허무하며 등골에 식은 땀만 흘리게 하는 일장춘몽입니다. 성경을 가만히 보십시오. 돌베개는 하늘 문을 열었습니다. 야곱은 잠에서 깨어난 후 "여호와께서 과연 여기 계시거늘 내가 알지 못하였도다", "두렵도다. 이곳이여. 다른 곳이 아니라, 이는 하나님의 전이요, 이는 하늘의 문이로다."라고 고백합니다. 하늘의 문, 구원의 문, 축복의 문은 모두 돌베개, 즉 교회와 예수를 통하여 열린다는 사실을 알게 되었던 것입니다.

많은 책들이 리더십의 중요성에 대해 이야기하고 있습니다. 저 역시 리더십이 목회에서 얼마나 중요한지를 깨달았습니다. 리더십은 현실의 극복뿐만 아니라 미래의 새로운 창조를 위해서 필수적이기 때문입니다. 모세의 경우를 보더라도 하나님이 쓰시는 지도자는 과거와 현재가 아닌 미래를 위해 존재한다는 것을 알 수 있습니다.

과거는 전통(tradition)이 다스리고, 현재는 관리(management)가 다스리지만, 미래는 리더십(leadership)이 다스린다고 말하지 않습니까? 그런 점에서 리더십이 없으면 미래가 없다고 할 수 있습니다. 리더십의 제1조건으로 미래를 위한 꿈과 비전을 이야기하는 이유가 바로 여기에 있습니다.

리더십이 곧 비전이고 비전이 곧 리더십이라고 말하는 사람이 많은 이유도 그것 때문입니다. 조지 바나는 "비전이 없으면 지도자가 되지 말라."고까지 주장합니다. 또 리더십 학자 코터(kotter)는 이렇게 말했습니다.

"새로운 사업환경에서 효율적으로 경쟁하고 생존하기 위해서는 기존의 방식에 대한 커다란 변화가 필수적이며 변화가 심할수록 리더십의 역할이 중요해진다."

교회성장에서도 마찬가지라고 저는 생각했습니다. 미래가 보이는 사람이 교회의 지도자가 되어야 교회에 희망이 있다고 믿은 것입니다. 저는 성도가 100명이 채 모이지 않을 때 1,000명이 모이는 그림을 그려놓고 성도들에게 기도하라고 제시했습니다. 비전은 보이지 않는 미래의 교회성장을 믿음으로 보고 현실화시키는 능력입니다. 비전은 바로 믿음입니다. 비전은 바라는 것을 실상으로, 보지 못하는 것을 증거로 취하는 용기 있는 행위입니다. 비전은 크게 생각하는 능력입니다. 이러한 목회자의 비전은 성령으로부터 나오는 것임을 저는 깨달았습니다.

그 동안 상록수명륜교회는 세 번에 걸쳐 이사를 했고 네 번째 교회를 건축했는데 그때마다 그것이 우리의 비전이었고 이를 위해 성도들이 기도했으며 응답을 받는 가운데 교회도 성도들도 성장했습니다.

예수님께서는 보혜사 성령이 우리에게 임하시면 우리가 장래 일을 알게 될 것이라고 하셨습니다. 하나님의 비전이 인간의 야망과 다른 것은 비전은 하나님의 뜻 즉 교회성장을 이루는 것이 목적이지만, 야망은 목회자 자신의 뜻 즉 교회확장을 추구하는 것이 목적이라는 것입니다. 야망은 실패하지만 비전은 반드시 이루어진다는 것을 저는 절실히 깨달았습니다. 그래서 저는 지금 10,000명의 교회를 바라보며 기도하고 성도들도 기도하고 있습니다. 비전의 주제는 항상 사람이 아니라 하나님이시기 때문에 가능한 것입니다.

리더십이 중요한 또 다른 이유는 인간 존재의 목적을 실현하는 것이 리더십이기 때문입니다. 목적이 이끄는 삶이 결국 우리를 리더십을 갖고 살게 한다는 것입니다. 리더십은 개인과 조직의 생존을 목적으로 합니다. 베니와 나누스는 이렇게 말했습니다.

"조직에 자본이 부족하면 빌릴 수 있다. 위치가 나쁘면 다른 곳으로 옮길 수 있다. 그러나 리더십이 부족하면 생존 가능성 자체가 희박하게 된다."

왜 그럴까요? 그것은 개인이든 조직이든 그 존재하는 목적을 이루기 위한 통로이기 때문입니다. 리더십은 단지 생존하는 것을 목표로 하지 않습니다. 저는 진정한 리더십의 목표는 부흥이라고 생각합니다. 생존(survival)이 아닌 부흥(revival), 현상유지가 아니라 발전이 리더십의 목적이 될 때 리더십의 가치는 제대로 평가를 받을 수 있다고 확신하였습니다.

기독교적인 관점으로 볼 때 인간이 사는 목적은 세 가지입니다. 인생의 제1목적은 하나님께 영광을 돌리는 것입니다. 하나님을 예배하고 하나님의 일을 감당할 때 하나님은 영광을 받으십니다. 하나님을 예배하고 하나님의 일을 하게 하는 것이 바로 리더십입니다. 목사가 교회의 리더라면 그의 최대 사명은 성도들로 하여금 신령과 진정으로 하나님께 예배드리게 하고, 하나님의 나라를 위해서 주님의 일을 할 수 있도록 구비시키는 일일 것입니다. 즉 성도들을 예배자(worshipper)와 사역자(worker)로 만드는 것입니다. 그 일이 바로 리더십의 본질입니다.

인생의 제2목적은 행복하게 사는 것입니다. 인생은 그냥 사는 것입니다. 살되 행복하게 가치 있게 사는 것입니다. 스티븐 코비가 말하는 대로 "인생이란 살며, 사랑하며, 배우며, 유산을 남기는 것" 입니다.

인생의 제3목적은 다른 사람을 돕는 것입니다. 리더십이야말로 사람을 살리고, 섬기고 돕고 구원하는 것입니다.

리더십의 정의로 가장 많이 받아들여지고 있는 것이 바로 영향력입니다. 다른 사람에게 바람직한 방향으로 영향을 미치는 관계가 바로 리더십입니다.

그러므로 다른 사람을 돕는다는 인생의 목적을 이루기 위해서는 리더십을 키우는 것이 첩경입니다. 이같이 목적이 이끌어 가는 삶을 추구하는 것이 지도자의 자화상이 되어야 합니다. 지도자는 사람들로 하여금 목적이 이끌어 가는 인생(the purpose-driven life)이 되도록 하기 위해 먼저 자기 자신이 목적의 종이 되어야 합니다.

앞서 말씀드렸듯이 저는 목회자로서 리더십을 생각할 때 교회의 모든 성도들을 누님이 저를 사랑했던 것처럼 사랑하려고 노력하였습니다. 목회자도 인간인지라 때때로 희생하고픈 마음이 부족해질 때가 있는데 그럴 때 나는 누님을 떠올려 봅니다. 그리고 누님을 통해 더욱 극명하고도 절실히 다가오는 주님의 희생을 생각합니다.

저도 우리 성도들을 위해 체력에 한계가 올 때까지 기도했던 적이 한두 번이 아닙니다. 애끓는 기도, 간절한 기도, 희생적인 기도, 그것이 내게 맡겨진 성도들을 사랑하는 방법이라고 믿었기 때문에 오직 한 방향으로만 나아갔습니다.

누님이 돌아가시던 그 해 겨울은 내 인생에서 가장 추운 겨울이었습니다. 누님의 장례를 치르고 난 후 나는 짐을 챙겨 어머니가 계시는 고향 집으로 돌아왔습니다. 우리 가족은 한동안 누님을 잃은 슬픔에서 벗어날 수 없었습니다. 특히 어머니는 고생만 하다가 먼저 간 누님을 생각하면 마음이 찢어지는 것 같다고 하시며 매일 밤 눈물을 흘리셨습니다.

누님이 돌아가시자 나는 지난 1년간의 중학교 생활을 추억으로 간직한 채 학업을 포기해야만 했습니다. 제 꿈이 사라지는 듯 했습니다. 목회자가 되겠다고 생각했는데 하나님이 나에게 그 길을 가지 말라고 하시는 듯 했습니다. 더 이상 학교를 다닐 수 있는 형편이 아니었기 때문이었습니다. 집으로 돌아온 나는 봄이 되자 어머니의 밭일을 도와야 했습니다. 새벽부터 저녁 늦게까지 온종일 밭에 나가 일을 했습니다. 그렇게라도 하지 않으면 누님을 잃은 슬픔과 함께 더 이상 학업을 할 수 없는 괴로움을 떨쳐 버릴 수 없었기 때문이었습니다.

어머니와 함께 밭일을 하다가 잠시 쉬려고 소나무 그늘 아래 누워서 하늘을 바라보니 파란 하늘은 변함없이 그대로였습니다. 하늘은 어제나 오늘이나 그대로인데 내 삶은 왜 이리 요동하는지, 하늘을 바라보는 나의 상념은 곧 기도가 되었습니다. '하나님 어떻게 해야 합니까? 하나님 저를 불쌍히 여겨 주세요.'

비전이 있었고 꿈이 있었기에 현실이 어려워도 기도가 절로 나왔습니다. 이것이 리더십의 요체입니다. 나의 비전이라면 꿈이 약해집니다. 그분의 비전이라면 그 꿈은 점점 강렬해집니다. 그런데 하나님은 바로 그날, 나의 기도에 응답해 주셨습니다. 일을 마치고 집으로 돌아와 저녁을 먹고 있는데 초등학교에 다니는 동생이 내게 이렇게 말하는 것이었습니다.

"형, 우리 선생님이 내일 보자셔."

"왜?"

"몰라. 한번 가봐."

동생의 담임선생님이 나를 보자고 하시는 이유가 무엇일까 자못 궁금했지만 워낙 피곤했던 터라 나는 금세 잠이 들었습니다. 다음날 아침 나는 동생의 담임선생님을 찾아갔습니다. 선생님께서는 나를 보고 반가워하시며 조심스럽게 말을 건네셨습니다.

"충주에 있는 중학교에 다니고 있는 것으로 알고 있는데 요즘은 왜 학교에 안 가고 집에 있니?"

마을이 워낙 작다보니 선생님은 마을 사람들을 물론이고 동네에서 일어나는 일도 거의 다 알고 계셨습니다. 그런 선생님이 겨울 방학이 끝났는데도 충주로 돌아가지 않고 계속 남아 어머니와 밭일을 하는 것을 보시며 '뭔가 사정이 있구나' 라는 생각을 하셨던 모양이었습니다.

저는 대답하기가 부끄러웠지만 선생님의 걱정 어린 물음에 그동안 있었던 일을 말씀드렸습니다. 자초지종을 들으신 선생님께서는 "그렇다고 공부해야 할 시기에 밭일만 해서야 되겠니? 언젠가 학교에 다시 갈 수 있을 테니까 그때를 위해 준비해라" 하시면서 자신이 학원에서 가르치셨던 중학교 과정의 강의록을 저에게 건네 주셨습니다.

선생님의 도움으로 저는 중학교 과정을 다시 공부할 수 있었습니다. 선생님이 건네주신 책은 학생들을 가르치기 위한 강의록이다 보니 모든 내용들이 잘 정리되어 있었습니다. 궁금한 것이 생길 때면 선생님을 찾아가 직접 여쭤어 보기도 했습니다. 혹 선생님이 바쁘실 때면 사모님에게라도 찾아가 궁금한 것들을 물어 보았습니다. 이런 제가 무척 성가셨을 텐데도 선생님 내외분은 언제나 성실하게 질문에 답을 해주셨습니다. 학교는 다니지 못했지만 저는 그렇게 중학교 과정을 공부하게 되었습니다.

선생님을 만나 공부하면서 어렴풋이나마 하나님께서는 결코 내가 학업을 중단하는 것을 원치 않으신다는 사실을 확신하게 되었습니다. 지나간 겨울은 어린 제가 감당하기에는 너무나 큰 시련의 때였지만 거기서 포기하고 넘어지지 않도록 하나님께서는 동생의 담임선생님을 통해 계속 공부할 수 있는 방법을 예비해 두고 계셨던 것입니다.

'자조론' 이라는 말이 있습니다. 새뮤얼 스마일즈의 자조론 중에 이런 말이 나옵니다.

"성공하기 위해서는 불굴의 의지로 일에 몰두하는 '대가' 를 지불해야 한다. 어느 분야에서든 뛰어나기 위해선 게으름과 담을 쌓아야 한다. 부지런한 손과 머리만이 '부' 와 '지혜', '성공'을 가져다 준다. 아무리 부유하고 지체높은 집안에서 태어났다 하더라도 명예를 물려줄 수는 있겠지만 지식과 지혜는 물려줄 수 없다. 돈을 주고 일을 시킬 수는 있어도 생각과 교양을 대신하게 할 수는 없다. 가난은 불행이 아니다. 그것은 힘찬 '자조'의 정신을 통해 축복으로 바뀔 수 있다. 그리고 세상과의 투쟁 정신을 길러준다. 물론 그런 투쟁 끝에 안락한 삶에 젖어드는 이들도 있지만 올바른 정신과 진실한 가슴을 가진 사람들은 그 투쟁을 통해 힘과 자신감을 얻어 마침내 승리를 쟁취한다."

그의 말처럼 한 사람의 인격은 수천 가지의 미세한 영향력, 본보기, 인생과 독서, 친구와 이웃, 그리고 조상이 물려준 좋은 언행, 주변 환경 등을 통해 형성됩니다. 하지만 근본적으로 인간은 자신의 행복과 덕행의 능동적인 주체가 되어야 합니다. 남에게 아무리 많은 지혜와 미덕을 빚질 수 있다 하더라도 근본적으로는 스스로 돕는 자만이 성공합니다. 한 사람의 인생에서 가장 큰 업적은 대개 평범한 수단과 자질들을 활용함으로써 이루어진다고 합니다. 평범한 일상 속에는 온갖 관심사와 필요성, 의무와 함께 최고의 경험을 얻을 수 있는 풍부한 기회가 있습니다. 진정한 일꾼은 아무리 힘든 길을 걸어가도 노력을 통해 자기발전을 이룰 수 있는 충분한 여지를 발견합니다. 리더가 가져야 할 중요한 덕목중의 하나가 "'성공이란 '근면'이라는 오래된 도로를 따라 뻗어 있다"는 것을 알아야 한다는 것입니다. 성실하고 끈기 있게 일하는 사람들은 늘 최고의 성공을 거두게 마련이라는 것입니다. 위대한 일은 우연히 이루어지기 어렵습니다. 과감한 모험으로 '행운'을 거머쥐는 경우가 있긴 하지만 근면과 몰입이야말로 안전하게 여행하는 유일한 길입니다. 꼼꼼히 주의를 기울이고 부지런히 일하는 자세는 진정한 노력가의 특징입니다. 새뮤얼 스마일즈가 말했듯이 가장 위대한 리더는 "작은 일을 우습게 보는" 사람이 아니라 그런 이들을 가장 크게 활용하는 사람입니다. 우리는 눈뿐만 아니라 마음으로도 사물을 봅니다. 생각 없는 사람이 아무것도 보지 못하는 상황에서도 안목이 있는 사람은 눈앞의 현상을 꿰뚫어 보고 차이점에 주목하고 비교하여 근본 원리를 깨닫습니다.

하나님께서도 그 택하신 자를 반드시 도우십니다. 택함을 입은 사람이라고 해서 모두 평탄한 길을 걷는 것은 아닙니다. 오히려 택함을 받은 사람들은 더 혹독한 시련을 만날 수도 있음을 저는 깊이 깨달았습니다. 여기에는 시련 속에서도 넘어지지 않고 오히려 희망을 일구어 낼 수 있도록 연단하시고 훈련시키기 위한 하나님의 크신 섭리가 숨어 있었습니다. 하나님은 우리가 시련 속에서도 포기하지 않고 부르심의 상을 좇아 앞으로 나아가기를 바라고 계신다는 것을 중학과정을 독학으로 공부하여 마스터하면서 깨달았습니다.

목회도 마찬가지입니다. 자신을 사랑하지 않으면 목회는 즐거움이 아니라 짐이 됩니다. 짐을 지고는 행복한 전도자, 희망의 전령이 될 수 없습니다. 그러므로 목회자는 교회를 리드하는 리더가 되기전에 자신을 리드하는 셀프 리더십을 먼저 깨우쳐야 합니다.

6

먼저 자신을 코칭하라

리더십이 중요한 또 다른 이유는 리더십이야말로 자기개발을 가능하게 하는 최상의 길이 되기 때문입니다. 최근 들어 리더십의 개념이 획기적으로 바뀌고 있습니다. 즉 다른 사람들을 다스리는 공적 리더십(public leadership), 혹은 사회적 리더십(social leadership)보다는 먼저 자신을 다스리는 사적 리더십(private leadership)이 더 중요하다는 주장이 일반화되고 있는 것입니다. 즉 지도자는 자신이 책임 맡고 있는 조직을 개발하기 전에 먼저 자신을 개발할 수 있어야 한다는 것입니다.

조직의 성장은 지도자의 성장에 정비례한다고 합니다. 교회의 성장도 목사의 성장의 결과입니다. 모든 지도자는 그 자신 안에 자신을 다스리는 지도자를 가지고 있습니다. 이것을 "당신 안에 있는 지도자"(The Leader in you)라고 부릅니다.

자신을 개발하기 위해 지도자는 태도를 바꾸고, 지식을 확보하고, 끊임없이 훈련하고 탁월한 기술을 익혀야 합니다. 태도와 지식과 훈련과 기술의 네 가지는 자기 개발을 위한 리더십의 4대 요소입니다. 지도자가 되는 것은 전략적으로 사는 것을 의미합니다. 같은 능력과 자원이라도 그것을 활용하는 전략에 따라 생산성과 효율성이 달라집니다. 지도자는 자신의 능력과 자원부터 전략적으로 쓸 수 있어야 합니다.

그 결과 다른 사람의 능력과 자원을 극대화시킬 수 있는 것입니다. 전략적으로 자신을 개발하기 위해서는 자신이 누구인지, 왜 사는지, 무슨 일을 해야 하는지, 그리고 어떻게 해야 하는지에 대해서 분명하게 알고 있어야 합니다. 자기개발은 리더십의 출발이요, 리더십은 자기개발의 표현입니다.

제가 상록수명륜교회를 담임하면서 지역(구역)장들을 중심으로 목회를 하겠다고 했을 때 가장 중요하게 여긴 것이 그들을 이끌 수 있는, 끊임없이 성장하고 변화하는 저의 셀프 리더십입니다. 돌이켜보면 만사가 셀프 리더십에 달려 있었습니다. 나라의 흥망성쇠도, 교회의 부흥여부도 지도자에 달려 있지 않습니까? 성장하는 목회자가 있는 교회는 분명히 성장하는 교회가 될 수 있습니다. 성장형 지도자는 소명과 은사와 훈련에 대한 절대 확신을 가져야 합니다. 교회 성장형 목회자는 자신을 창조적으로 개발하기 위한 원리를 명심하여야 합니다.

그리고 무엇보다 매일 초 단위로 영적인 전쟁을 치러야

만 하는 담임 목회자는 영적 생명으로 충만해야 합니다. 호흡으로서의 생명(푸쉬케), 활동으로서의 생명(비오스) 보다 더 차원 높은 관계로서의 생명(조에)으로 무장되어야 남을 살릴 수 있습니다. 무엇보다 하나님과의 관계를 확실히 해야 합니다. 말씀과 기도, 경건과 순종, 사랑과 믿음으로 늘 영적으로 살아 있도록 관리해야 죽어가는 사람들을 살릴 수 있습니다. 부정적인 반응 즉 리액션(reaction)보다 창조적인 반응 즉 프로액션(proaction)을 하도록 노력해야 합니다.

그러고 보니 저의 성장기에 있었던 에피소드가 생각납니다. 이전의 책에서도 언급했지만 다시 한 번 언급 해보려고 합니다.

충주 탄금대에 가면 권태응 시인의 [감자 꽃] 시비(詩碑)가 있습니다. 권태응 시인은 아동 문학가였는데 일제의 창씨개명을 반대해서 [감자 꽃]이라는 시를 썼다고 합니다.

이 시의 요지는 단지 이름을 바꾼다고 해서 한국 사람이 일본 사람이 될 수 없다는 뜻입니다.

자주 꽃 핀 건 자주 감자

파 보나 마나 자주 감자

하얀 꽃 핀 건 하얀 감자

파 보나 마나 하얀 감자

저는 그간 너무나 힘들고 어려워 방황 아닌 방황을 할 때가 너무 많았습니다. 그럴 때는 홀로 탄금대를 찾아가 서러운 눈물을 홀로 삼키곤 했습니다.

탄금대는 조선 시대 임진왜란 때 육군의 선봉장이던 신립 장군이 배수진을 치고 일본군을 맞아 싸우다 장렬히 전사한 곳입니다. 그런 그곳을 홀로 찾은 까닭은 감자꽃이라는 권태응 시인의 시가 나를 돌아보게 만들었기 때문입니다. 또한 당시 사춘기였던 제가 학업을 포기해야만 하는 상황을 한탄하며 가난을 원망하고 운명을 벗어나지 못할 것 같은 공포감을 이기며 혼자 씨름하던 곳입니다. 마치 야곱이 얍복 강가에서 통곡하였듯이 제가 속으로 날마다 와서 통곡하던 곳입니다. 지금도 목회가 힘들거나 지치고 초심을 잃을 때면 이곳에 들르곤 합니다.

왜냐하면 이곳이 '내가 이렇게 가난하게 살다가 평생 아무것도 할 수 없을 것이 아닐까? 과연 하나님이 약속대로 나를 크게 들어 쓰실까?' 하는 절망감과 희망이 교차하는 곳이었기 때문입니다. 그 때마다 나는 이 시비(詩碑) 앞에 가서 하나님 앞에 기도하며 이렇게 다짐하곤 했습니다.

'그래, 내 인생에 좋은 감자를 심자. 그럼 꼭 좋은 감자가 열릴거야.'

나는 무엇이든 심은 대로 거두리라는 성경 말씀을 되뇌이면서 내 삶에 대한 의욕을 새롭게 불태우곤 했습니다.

창조적 사명의식을 가지라

하나님의 생명과 함께 하나님의 사명 즉 비전을 가져야 합니다. 성공이란 사명의 성취요 비전의 실현입니다. 성장형 목회자는 시작은 미약할지라도 미래에 창대케 될 것을 꿈꾸고 그리고 열망하는 자입니다. 눈에 보이는 것에 의지하는 것이 아니라 눈에 보이지 않는 마음의 창조에 몰두합니다. 무엇 때문에 목회하는지, 무엇 때문에 교회를 성장시키려고 하는지 그 목적의식이 분명해야 하는 것입니다.

어떤 목사님을 만났더니 그분 얘기가 자신은 달동네에서 살았는데 가끔 삶이 나태해지거나 사명감이 시들해질 때면 자신이 살던 곳으로 가본답니다. 지금은 재개발에 들어가서 헐리고 흔적도 찾아 볼 수 없는 곳도 많지만 그곳에만 가면 그 어려웠던 시절이 떠오르면서 '내가 이만큼 사는 것도 이만큼 사역을 하는 것도 다 하나님의 은혜지.'

하면서 자신을 추스르게 된다고 합니다.

어떤 동역하시는 목사님은 자신은 꼭 신학교를 일년에 한 두 번쯤 들른다고 말씀하셨습니다. 가난한 신학생 시절 결심하고 기도하고 밥을 굶으면서도 다녔던 신학교 교정에 들어서면 '아골 골짝 빈들에라도 보내어 주시기만 하면 주를 위해 헌신하리라.'고 다짐했던 때가 떠올라 그렇게 활력이 솟는다고 합니다.

그리고 보면 하나님도 이스라엘 백성에게 하나님의 구원의 기적이 있고 난 뒤면 꼭 돌을 쌓든지 단을 쌓으라고 하셨습니다. 그리고 그것을 기념하라고 하셨습니다. 기념이 무엇입니까? 영어로 메모리얼, 즉 기억을 반추하라는 것입니다. 저는 이러한 기억의 반추가 얍복 강가라고 생각합니다. 저의 얍복강은 탄금대였습니다. 셀프 리더십의 요체는 이와 같이 자신의 위치를 재확인하고 사명을 새롭게 하므로 목적의식에 분명해지는 것으로부터 시작되어야 합니다.

　여러분의 얍복강은 어디입니까? 여러분의 탄금대는 어디입니까? 목회가 시들하고 삶에 지쳐 있다면 다시금 그곳으로 가서 하나님을 처음 만나고 감동하고 뜨거웠던 그곳으로 돌아가서 기억을 새롭게 하시기 바랍니다.

7

창조적 시간 관리를 하라

교회성장은 목회자가 어디에 자신의 자원을 투자하느냐는 문제와도 직결됩니다. 저는 한때 운동을 좋아해 운동선수가 되는 것이 꿈이었습니다. 학교를 계속 다닐 수 있었더라면 아마 지금쯤 운동선수가 되어 있을지도 모릅니다.

운동은 어떤 근육을 집중적으로 키우느냐에 따라서 실력이 달라집니다. 하나님이 사람에게 주신 시간은 똑같기 때문에 투자금은 동일하게 공평하다 할 수 있습니다. 그러나 제대로 된 곳에 투자하지 않기 때문에 투자가 분산되어 아무 곳에서도 열매가 없는 것입니다.

목회자는 시간을 잘 투자해야 합니다. 즉 선택과 집중의 원리를 지켜야 한다는 말입니다. 교회성장의 부진은 선택해서 투자하지 않기 때문입니다. 교회성장을 위한 2대 조건은 첫째 간절히 소원해야 하고, 둘째 대가를 지불해야 하는 것입니다. 심은 대로 거두는 법칙은 교회성장에서도 진리입니다.

2차 대전의 영웅 아이젠하워는 "염가로는 승리할 수 없다"(There are no victories at bargain price)라고 말했습니다.

누차 강조하지만 교회성장은 목사성장에 정비례하는 것을 깨달았습니다. 목회자는 죽을 때까지 가르치고 배우고, 배우고 가르치는 자입니다. 복음개발과 함께 문화개발에 최선을 다해야 합니다. 목숨을 걸고 기도하고, 목숨을 걸고 독서해야 합니다. 그래야 오늘의 문제를 미래의 전략으로 해결할 수 있기 때문입니다. 영원한 것을 위해 일시적인 것을 총동원하여 투자하십시오.

앞서도 말했지만 비전이 있으면 창조의 역사가 일어납니다. 마음속에 바라는 바 믿음이 분명하면 그것을 이룰 확률이 높습니다. 하루 종일 생각하는 그것이 바로 그 사람입니다. 그러므로 교회성장을 원한다면 교회성장형 생각을 소유하고, 교회성장형 생각이 충만하도록 자신을 훈련하여야 합니다. "나는 교회성장을 원한다", "나는 교회성장을 해야만 한다", "나는 교회성장을 할 수 있다"라고 외치시기 바랍니다.

비전이 확실할 때 올바른 선택을 하게 되고 그리고 그곳에 투자하게 됩니다. 그러므로 비전은 무한한 하나님의 능력을 담는 인간의 유한한 그릇입니다. 하나님은 무한하시지만 우리의 비전의 크기에 자신을 제한하십니다(엡 3:20). 비전이 크면 큰 능력이 나타나고, 비전이 작으면 작은 능력이 나타납니다. 비전은 또한 보지 못하는 것을 보는 능력입니다. 미래를 현재로 볼 수 있는 능력입니다.

인생을 성공적으로 살려는 분들은 무엇보다 생명의식과 사명의식을 강화하기 위해서 시간의식을 가져야 합니다. 시간 관리는 짧은 시간에 많은 일을 하는 것이 아니라 우선순위를 정하여 먼저 할 것을 먼저 하는 습관을 가지는 것입니다. 너무 분주하고 바쁜 사람은 성장형 목회자나 성공형 지도자가 될 수 없습니다. 시계만 열심히 보지 말고 나침반도 자주 들여다보아야 한다는 말입니다. 자신이 무엇에 가장 바쁜지를 정직하게 평가해야 하는 것입니다.

둘째, 창조적 인간관계를 개발하라는 것입니다. 자기관리는 시간관리와 함께 인간관리로 연결되어야 합니다. 지도자의 성공은 85%가 인간관계에 달려있습니다. 목회자란 결국 사람을 키우고 관리하는 지도자입니다. 너 죽고 나 살기가 아니라 나도 살고 너도 사는 윈윈(win-win) 인격을 가진 자가 성공적인 지도자가 될 수 있습니다. 갈수록 설교 잘하고 행정 잘하는 목회자보다 인격적으로 신뢰할 수 있는 목회자를 찾을 것입니다.

그러고 보니 또 생각나는 이야기가 또 있습니다. 남들보다 늦게 배움에 길에 서다보니 항상 시간에 쫓기는 듯한 삶을 살 수 밖에 없었습니다. 독학을 하며 점점 어려운 중학교 과정에 이르게 되자 선생님은 보다 체계적으로 가르쳐 주어야 할 필요성을 느끼셨는지, 하루는 저를 불러서 충주에 있는 '숭덕학원' 이라는 곳을 소개시켜 주셨습니다. 그곳은 선생님의 후배가 봉사하고 있는 학교로 학생들이 기숙사에 거주하며 낮에는 일을 하고 밤에는 대학생이나 다른 자원봉사자들이 와서 중학교 과정을 가르쳐 주는 곳이었습니다. 제 형편을 아시는 선생님은 돈을 안 들이고도 중학교 과정을 공부할 수 있는 곳을 찾아 보셨던 것입니다. 돈도 벌고 또한 배울 수도 있다는 선생님의 말씀에 저는 즉시 그곳에 가기로 결심하였습니다.

선생님의 소개로 찾아간 숭덕학원은 선생님께 들은 대로 이른 아침부터 일을 하고 저녁이 돼서야 비로소 책을 볼 수 있는 곳이었습니다. 저녁에 수업을 할 때면 낮 시간에 땀 흘리며 일했던 노동의 피로가 몰려와 졸음이 쏟아지고 눈꺼풀은 자꾸만 눈을 덮었습니다. 주경야독의 생활은 어린 저에게 견디기 힘든 피로를 더할 수밖에 없엇습니다. 잠이 늘 부족해서 머리만 대면 아무 곳에서나 자기 일쑤였습니다.

그러나 저는 최대한 잠을 줄여야 했습니다. 하나님이 내게 주신 꿈을 이루기 위해, 어떻게 다시 찾은 기회인데 피곤 따위에 져서 쓰러질 수는 없었습니다. 이렇게 저의 청소년 시절, 나를 이끌어간 것은 목회자를 향한 꿈이었습니다. 고단한 일상 중에서도 목회에 대한 꿈은 식지 않았습니다. 동료들이 곤히 자는 시간에도 저는 조그만 불을 켜고 저녁에 배운 과목을 다시 복습하고 나서는 기도와 성경 묵상으로 하나님과 교제했습니다. 저의 기도는 늘 절박했습니다. 저는 힘들고 지칠수록 더욱 주님 앞에 매달려 기도하였습니다. 어떤 때는 기도 중에 잠이 들어 꿈속에서 하나님께 기도한 적도 있었습니다. 하나님은 나에게 말씀을 통해 평안을 주셨고 매일 성경을 묵상하면서 모세, 다윗, 다니엘 등 위대한 신앙의 선조들이 고난을 이겨내었듯 나도 이 어려움을 잘 견디어낼 수 있다는 확신을 얻게 되었습니다. 성경은 저에게 힘든 하루하루를 버텨내게 해 준 강한 능력이 되었습니다.

드디어 숭덕학원에서 1년 남짓 공부한 후 검정고시를 치르게 되었습니다. 하나님은 1년의 수고를 헛되지 않게 해 주셔서 꿈에도 그리던 고등학교에 입학할 자격을 얻게 되었던 것입니다. 주위 사람들은 단 1년 공부해서 어떻게 시험에 합격했느냐며 놀라워했습니다. 그러나 따지고 보면 이것은 놀라운 일이 아니었습니다. 중학교 1년 과정은 누님의 도움으로 다닐 수 있었고 다음 1년은 고향 초등학교 선생님의 가르침을 받으며 독학을 했으며 마지막 1년은 숭덕학원에서 공부를 했으니, 나름대로 중학교 3년 정규 과정을 다 마친 셈이나 다름이 없었기 때문입니다.

이듬해 저는 충주상고에 시험을 봤고 결과는 이번에도 합격이었습니다. 숭덕학원에서 공부하며 1년 동안 모은 돈으로 교복과 책가방 그리고 필요한 책들을 사고 허름한 자취방도 구할 수 있었습니다. 지난 2년 동안 교복을 입은 정규 학교 학생들을 보면서 나는 얼마나 그들이 부러웠는지 모릅니다. 고등학교 교복을 처음 입던 날, 그동안 꾹꾹 참아 두었던 눈물이 쏟아져 나왔습니다. 그 눈물은 지난 2년 동안의 어려움을 이기게 하신 하나님께 드리는 감사의 눈물이기도 했습니다.

저는 창조적 시간관리의 중요성을 어린 나이에 깨달았

습니다. 그리고 인간관계의 중요성을 깨닫게 되었습니다. 선생님들의 도움이 아니었더라면 어떻게 제가 고등학교에 들어가 다시 정규과정을 공부할 수가 있었겠습니까?

또한 하나님이 아니었다면 나는 공부를 계속하지 못하고 다른 길로 나갔을것입니다. 어쩌면 탈선의 길을 걷고 있었을지도 모릅니다. 하지만 하나님께서는 내게 꿈을 주시고 모진 환경 속에서도 그 꿈을 향해 나갈 수 있도록 바르게 인도해 주셨습니다. 믿음의 길로 인도해주신 목사님과 여러 전도사님들을 생각해도 인간관계를 통하여 길을 열어주시는 하나님의 섭리를 믿지 않을 수 없습니다.

이후 충주상고에 입학한 뒤에도 저는 일을 쉴 수가 없었습니다. 방과 후에는 초등학생을 가르치는 과외를 하였고 방학이나 휴일에는 막노동을 하며 학업에 필요한 돈을 벌어야 했습니다. 어렵게 들어간 고등학교였기에 내게는 모든 순간이 너무나 소중했습니다. 자연히 학업에도 충실했습니다. 과외나 일로 빼앗겨버린 부족한 시간을 채우기 위해 나는 잠을 줄여 가며 공부를 해야 했습니다. 시간관리는 제 인생의 최우선 과제였습니다. 제대로 먹지도 못하고 매일매일 피곤에 지쳐 있었지만 하나님께서 건강을 허락하시었고 또한 하나님이 주신 꿈을 이루고자 하는 열망이 이 모든 것을 버티게 해주셨습니다.

8
창조적 커뮤니케이션을 개발하라

단지 말을 잘하는 것이 아니라 남을 설득하고 영향을 미치는 것이 진정한 커뮤니케이션입니다. 설교를 잘하는 것이 중요한 것이 아니라 그 설교 때문에 사람들이 변화되어야 한다는 것입니다. 그러기 위해서는 청중을 파악하고, 청중을 행복하게 해주고, 성령의 은사로 무장되어야 하는 원론적인 이야기와 함께 목회자의 인격이 겸비되어야 한다고 생각합니다. 내 인생에 힘이 되어준 고마운 분은 그곳에도 계셨습니다. 항상 제 사무실 책꽂이 위엔 꽂힌 사진, 그 사진은 제 어려운 시절을 돌아보게 하는 거울과 같은 것인데 '충주상고 모범대상 전교 진'이라는 상을 받는 장면이 찍힌 것입니다. 이 사진은 고등학교 3학년 때 담임이셨던 강성일 선생님이 아니셨다면 도저히 찍을 수도 없는 사진이었습니다.

강 선생님은 신춘문예에 등단한 시인이셨는데, 학생들에 아주 인기가 있었습니다. 그도 그럴 것이 학생들에게 잔소리로 가르치는 게 아니라 가슴과 사랑으로 안아주시는 참 교육자이셨기 때문입니다. 수업시간에 아이들이 떠들면 선생님은 호통을 치시기보다는 잠잠히 창밖을 내다보고만 계셨습니다.

그러면 제풀에 지친 아이들은 자신들의 목소리에 놀라 조용해지곤 했습니다. 그제서야 선생님은 "자! 이젠 내가 말할 차례구나?" 하시고는 언제 그랬느냐는 듯 수업을 하셨습니다. 선생님은 잘못한 학생들에게 야단을 치시기보다는 늘 스스로 잘못을 깨달을 수 있도록 이끌어 주시는 분이셨습니다. 그분의 보이지 않는 감화가 저로 하여금 공부에 열중하게 했고 그분의 인격을 닮고자 하는 마음으로 이어졌습니다.

그러한 분들이 '외유내강', 너그러우면서도 위엄이 있듯이 강 선생님도 그러했습니다. 그분은 스스로 권위를 내세우신 적이 한 번도 없었습니다. 하지만 그분의 권위는 날마다 세워져 갔습니다. 저는 그분에게서 예수님의 온유한 성품을 발견할 수 있었습니다.

그때 만약 내가 남을 가르치는 선생님이나 혹 목회자로서 남 앞에 서야 할 때가 온다면 선생님과 같은 외유내강형의 인간이 되어야 하겠다고 결심한 것입니다. 저는 지도자가 갖추어야 할 성품을 그분에게서 배웠습니다.

목회자에게 있어서 설교 능력은 굉장히 중요한 것입니다. 또한 요즘 부각되고 있는 리더십에 대한 문제도 중요합니다. 하지만 이보다 앞서 목회자와 지도자에게 선행되어야 할 것은 성품이 아닐까 하는 생각을 그분을 생각하면서 많이 생각해보게 됩니다.

참된 지도력은 권위를 내세우는 데 있는 게 아니며 존경을 통한 권위를 회복해야 함을 생각하고 늘 다짐해봅니다.

다시금 돌이켜 생각해도 하나님께서 내게 가난이라는 친구를 허락하시고 인생의 곤고를 통하여 밑바닥에서부터 시작할 수 있는 연단을 주시며, 또한 불우한 환경속에서도 나를 훈련시켜 시간 관리와 인간관계의 회복을 통하여 지도자로서의 자질을 갖추게 하신 것은 모두가 하나님의 섭리가 있었음을 깨닫습니다.

고등학교를 졸업한 저는 드디어 순복음 신학대학교에 진학하게 되었습니다. 신학교에 입학하고 나니 어릴 적부터 꿈꾸어 왔던 목표에 거의 도달한 것 같아 기쁨이 앞섰습니다. 신학교의 강의 하나하나가 저에게는 늘 새로웠습니다. 성경을 읽고, 채플에 참여하고, 밤이면 동기생들과 함께 신학교 근처의 산에 올라가 밤이슬을 맞으며 기도를 했습니다. 나를 비롯한 거의 모든 신학생들의 꿈은 교회 개척이었습니다. 목회자에게 있어서 하나님의 부르심을 받아 새 교회를 세우는 것만큼 영광스러운 일은 없을 것이라고 굳게 믿었습니다. 우리들은 자신이 부름 받을 개척지가 어디며 어떤 형식으로 목회를 해야 할지를 고민하면서 서로를 위해 기도했습니다.

당시 저는 신학생으로서 경기도 북쪽 지역의 한 교회에서 봉사를 하고 있었는데 교회에 가는 날이면 늘 교회 뒷산에 올라 밤을 새며 기도하곤 했습니다. 처음 기도하러 그 산에 올랐을 때는 잡초만 무성했었는데 기도하러 오르락내리락 하는 동안에 제법 잡초 사이로 길이 나게 되었습니다. 저는 이 길을 걸을 때마다 '하나님께서 나를 목회자로 삼으시려고 이렇듯 기도의 훈련을 시켜주시는구나' 하며 하나님께 감사했습니다.

그날도 평상시와 다름없이 뒷산에 올라가 교회 개척을 놓고 기도를 시작했습니다. 나의 개척지는 어디이며 언제쯤 나가야 하며 어떻게 시작해야 할지 등을 한참 동안 하나님께 묻고 또 물었습니다. 얼마나 지났을까? 기도하는 가운데 "명륜, 명륜, 명륜" 하는 또렷한 음성이 들렸습니다. 이 음성은 내게 명륜교회를 세우라는 말씀으로 다가왔습니다. 일순간 온몸에 전율이 느껴졌습니다. '이제 내가 교회를 개척할 수 있겠구나' 하는 기대와 설렘이 마음을 가득 채웠기 때문이었습니다.

다음날 지도를 펴고 명륜이라는 지명을 찾아보았습니다. 서울, 원주를 비롯한 몇 개의 도시에 명륜동이 있었습니다. 그 지역의 땅값을 알아보니 당시 여건으로는 땅 한 평을 사기도 힘들었습니다. 기도 응답을 받고 산에서 내려올 때는 기쁨이 충만했었는데 막상 실행에 옮기기 위해 땅값을 알아보니 희망은 사라지고 낙심만 남게 되었습니다.

저는 기도를 하나님과의 커뮤니케이션이라고 생각합니다. 하나님은 저에게 무엇인가 신호를 보내고 의사표시를 한 것 같은데 제 쪽에서 아직 신호를 잡지 못한 것입니다. 그래서 참 많이 헤매었습니다.

그 당시는 신학생으로서 교회를 섬기느라 아르바이트를 할 시간이 없었습니다. 매일 새벽, 수요일, 금요일, 토요일, 주일을 꼬박 교회에 출석하다 보니 이 날을 제외하고 할 수 있는 일이란 거의 없었습니다. 자연히 학비를 대기도 빠듯한 형편이 되었습니다.

그런 형편에 개척을 시작한다는 것은 꿈도 꿀 수 없는 일이었습니다. 더군다나 개척 자금이 없으니 임대로 교회를 개척해야 할 상황인데, 그렇게는 교회를 개척하고 싶지 않았습니다. 어려서부터 목회자가 될 꿈을 꾸었던 까닭에 나는 선배 목사님들의 개척 교회에 대해 늘 관심을 가져왔었습니다. 선배님들이 어떻게 어떤 곳에서 개척을 시작하시는지 항상 주목하고 그것을 기록으로 남겨 두기도 하였습니다. 그중에는 임대로 교회를 시작한 목사님들도 더러 계셨습니다. 나는 그 목사님들이 얼마나 고생하셨는지 잘 알고 있었기 때문에 임대로 교회를 시작한다는 것이 정말 내키지가 않았습니다. 아직 군대도 안 다녀왔기에 누구보다 시간관리를 잘해야 한다고 생각했습니다.

그러니 어려운 형편에 무작정 개척해 놓고 입영 통지서를 받으면 그것도 난감한 일이었습니다. 여러 생각 끝에 저는 하나님께 이렇게 기도했습니다. 기도는 하나님과의 커뮤니케이션이니 제 쪽에서도 하나님께 신호를 보내 드려야 한다고 생각했습니다. 그래서 저는 하나님께 "하나님, 교회개척에 앞서 먼저 군대에 갔다 와야 하겠습니다. 군에 갔다 와서 개척에 필요한 돈을 좀 모은 뒤에 목회를 바로 시작하도록 하겠습니다." 하고 말씀드렸습니다.

교회 개척을 생각하다보니 군대에 빨리 다녀오는 것이

옳을 것 같았습니다. 육군, 공군, 해군 등 여러 군대의 군복무 기간을 살펴보니 당시에는 해병대가 가장 짧았습니다. 저는 즉시 해병대에 지원하였고 몇 개월 후 해병대에서 입영 통지서가 날아왔습니다.

신병교육 훈련을 마치고 내가 근무하게 된 곳은 강화도 해안가였습니다. 선임병들은 대부분 나와 기수가 2~3기 차이밖에 나지 않을 정도로 신참들이었습니다. 처음에 나는 나와 비슷한 기수대의 선배들이 많아서 좋아했습니다. 하지만 그게 아니었습니다. 제가 병장을 달 때까지 내 아래로는 단 한명의 후임병도 들어오지 않았던 것입니다. 말이 병장이지 저는 늘 신참이나 다름없는 생활을 해야 했습니다. 병장을 달고서도 나는 한참 동안 내무반에서 막내들이나 도맡아 하는 식판 닦는 일을 했을 정도였습니다.

당시 내무반 선임병들은 내가 성경을 읽거나 기도를 하는 것을 탐탁지 않게 생각했습니다. 성경을 읽는 것이 눈에 띄면 다른 일을 시키거나 트집을 잡아 기합을 주고 때리기도 했는데 그 때문에 나는 늘 기도에 목말라 있었습니다. 하나님 앞에 자유롭게 기도한다는 것이 얼마나 행복인지를 그곳에서 절실히 깨닫게 된 것입니다.

하나님과의 의사소통 즉 주님과의 커뮤니케이션이 깨어지면 인간관계의 커뮤니케이션에도 문제가 생겼습니다. 그래서 틈만 나면 하나님께 기도하고 예배할 장소를 찾기 위해 부대 안 여기저기를 뒤지고 다녔습니다. 조용하고 외진 곳을 찾으려고 눈치를 살폈습니다. 하지만 아무리 찾고 찾아도 그런 곳은 쉬 발견되지 않았습니다. 대신 사람들이 기피하는 장소가 있었는데 그곳은 바로 화장실이었습니다. 구식 화장실이라 냄새가 지독했고 여름철에는 암모니아 냄새 때문에 숨쉬기도 어려울 정도였지만 그곳이야말로 하나님과 일대일로 대화하기에는 안성맞춤인 곳이었습니다. '초대교인들은 무덤에서 예배를 드렸다는데 이곳은 거기에 비하면 호텔이다.' 하고 생각하니 정말 그곳이 천국이었습니다.

그러다보니 놀라운 하나님의 섭리를 발견하기도 했습니다. 그날도 언제나처럼 화장실에서 기도하다가 성령의 감동을 받아 흥얼흥얼 찬송을 하는 중이었습니다. 그때 마침, 새로 오신 중대장님이 영내를 순시하던 중에 화장실에서 흥얼거리는 제 노래를 들으시고는 "야! 거기 화장실에서 찬송을 부르는 병사가 누구냐? 앞으로 나와!" 하고 소리를 지르시는 게 아닙니까?

너무나 놀라서 뛰어나가 보니 신임 중대장님이 내가 들어가 있던 화장실 문 밖에 서 계셨던 것입니다. 중대장님이 말씀하셨습니다.

"야! 이놈아! 그 귀한 찬송을 왜 냄새나는 화장실에서 부르나! 응!"

"네! 제가 교회를 다니다 왔는데 마땅하게 개인 기도를 할 공간이 없어서 틈나는 대로 이곳에서 기도하고 찬송을 불렀습니다."

그러자 중대장님이 웃으면서 말합니다.

"야! 그러면 소원수리 시간에 건의하면 되지 그게 무슨 짓이냐! 귀신 잡는 해병의 품위도 생각해야지."

그러면서 혼자만 기도하고 찬송 부를 수 있는 공간과 시간을 내어 주겠다고 약속하신 것입니다. 알고 보니 중대장님도 기독교인이셨습니다. 그때부터 누구의 눈치도 볼 필요 없이 자유롭게 하나님의 말씀을 읽고 기도하고 찬송할 수 있었습니다. 기적이 일어난 것입니다. 하나님과의 커뮤니케이션이 바로 되자 부대의 중대장님과 곧장 커뮤니케이션이 이루어지게 되었습니다. 이윽고 이 의사소통은 몰래 주님을 믿는 다른 병사들에게까지 전해졌고 그때까지 신앙을 감추고 있던 병사들도 이 기도 시간에 함께 모이게 되어 그 수가 점점 많아졌습니다. 결국 우리 중대는 기

도하고 찬송하는 신우회가 생겨 '여호수아 중대'라는 별

칭까지 얻게 되었습니다.

　제대를 6개월 정도 남겨두었을 때였습니다. 제대가 6개

월밖에 안 남았지만 내게는 아직 선임병들이 많았습니다.

이대로라면 이제 막 들어온 신참과 함께 내무반의 모든 궂

은 일을 다 해야 하는 상황이었습니다. 중대장님은 나의

이런 병영 생활을 안타깝게 여기셨는지 해안 방어를 맡고

있는 소대로 파견 근무를 명하셨습니다. 병장이었던 나는

그곳에서 최고 고참이라서 경계근무를 서고 나면 남는 시

간은 자유롭게 보낼 수 있었습니다. 성경을 읽고 기도하고

극동방송을 통해서 목사님들의 설교를 마음껏 들을 수 있

었던 것입니다. 더욱 감사한 것은 주일날 근처 교회에서

예배도 드릴 수 있었다는 것입니다. 제대할 때까지 주일마

다 교회에 나가 예배드리고 봉사하면서 더욱 하나님 앞에

가까이 나아갈 수 있었습니다. 군대에서 신앙을 잃어버리

는 경우가 부지기수인데 하나님께서는 군 마지막 6개월 동안 신앙생활에 전념할 수 있도록 은혜를 베풀어 주셨습니다.

9
하나님의 시간을 믿으라

주님은 복음 사역의 주체로서 모든 것을 웅장한 계획 가운데 이끌어 나가십니다. 하나의 오류도 없이 주님의 시간에 따라 진지하게 더욱 기도해야 할 시기에는 더욱 그러하셨고 이적을 베푸실 때도 주님께서 메시야로 드러나야 할 때를 고려하시며 신중에 신중을 기하시는 삶을 사셨습니다. 제 자신도 주님을 섬기며 복음역사를 감당하기 위해서는 항상 깨어서 시간과 함께 흐르는 역사의 흐름을 잘 관찰하고 나에게 맡겨진 일을 잘 수행해 나아가야겠다는 것을 깨달았습니다. 또한 나에게 주어진 시간 동안 내가 여기서 해야 할 일들과 나를 통해 꼭 행해져야 할 일들이 시간의 역사와 함께 점진적으로 진행될 것입니다.

그러면서 저는 지나온 시간 속에서 제가 하려고 했던 시간은 무의미하며 하나님이 인도하시고 계획하셨던 시간 속에 들어올 때는 모든 것이 기다렸다는 듯이 진행되고 정말 형통함이 나타났다는 것을 깨닫게 되었습니다.

저는 해병대 제대 후 신학교로 돌아가지 못하고 집으로 돌아왔습니다. 곧바로 신학교에서 공부를 하기에는 경제적 사정이 너무 안좋았기 때문입니다. 고향으로 돌아와 어머니의 농사일을 도우면서 어떻게 학비와 교회 개척에 필요한 비용을 마련할 수 있을까를 고민하며 기도하고 있었습니다. 군대 가기 전에도 그랬지만 내 마음속에는 언제나 목회를 향한 꿈이 화로 불씨처럼 반짝반짝 피어오르고 있었습니다.

그 동안 고향 교회에는 새로운 목사님께서 부임하여 계

셨습니다. 어머니와 함께 주일 예배에 참석하면서 목사님과 대화할 수 있는 시간이 많아졌습니다. 휴학 중이기는 했지만 신학생이었기에 목사님께서 내게 많은 관심을 보이신 것입니다. 하루는 목사님이 부르셔서 사택을 방문하였습니다. 식사와 차를 대접받으며 오랜 시간 신학과 목회에 대한 이야기를 나누었습니다. 그 때 곁에서 나를 찬찬히 지켜보시던 사모님께서 뜬금없이 "이 선생님, 이제는 결혼을 하셔야지요? 제가 좋은 혼처를 알고 있는데, 한 번 만나보시겠어요?"라고 말을 건네셨습니다.

제가 생각한 시간은 하루라도 빨리 공부를 마치고 교회를 개척하여 섬기는 일이었는데 하나님의 시간은 저를 엉뚱한 곳으로 데려가는 것이었습니다.

물론 언젠가는 해야 할 결혼이었지만 집안도 어려운 처지고, 갑자기 사모님께서 던지신 말씀에 저는 좀 당황했습니다. 그래서 조금은 붉어진 얼굴로 어찌되었건 대답은 했습니다.

"말씀은 감사하지만 저는 목회자가 되는 것이 제 유일한 꿈이자 소망입니다. 그런데 목회자의 사모하겠다고 선뜻 나서는 분이 있을까요?"

그랬더니 사모님이 무릎을 탁 치면서 말씀하셨습니다.

"아! 진짜 천생연분이네요! 그 아가씨도 사모가 되기를 오래 전부터 서원했다고 하더라구요."

사모님께서 사모로 준비된 규수를 소개해 주겠다는 이런 행운이 어디 있단 말입니까? 제가 대답했습니다.

"사모님! 정말 그런 분이 있다면 감사한 마음으로 만나 보겠습니다."

그렇게 해서 아내와의 첫 만남이 이루어졌습니다. 나중에 알게 된 일이지만, 사실 아내는 그 사모님의 시누이였습니다. 잠시 고향에 다니러 온 나를 사모님께서 왜 맘에 들어하셨는지 지금도 잘 모르겠지만 단지 내 삶의 모든 것이 하나님이 시간 안에서 이루어져 왔다고 고백할 수밖에 달리 설명할 길이 없습니다.

제가 아내 될 사람을 처음 만난 날, 아내와 이런 저런 이야기를 나누면서 그녀의 언어와 행동에 깊이 배어 있는 신실한 신앙의 면모를 발견할 수 있었습니다. 그래서 저는 스스럼 없이 이제까지 살아온 이야기며 지금의 형편 그리고 목회에 대한 나의 열정을 아내에게 모두 말했습니다. 그리고 나직히 그러나 단호히 물었습니다.

"저의 이러한 형편과 처지를 다 들으시고도 저와 결혼해 주실 수 있을까요?"

그러자 제 아내 될 사람은 수줍지만 겸손한 자세로 대답하였습니다.

"기도해 볼게요. 부족하지만 하나님의 뜻이라면…."

정말 아브라함이 그 아들 이삭을 위하여 하란에서 신부를 데려왔듯이 하나님은 우리 고향교회 목사님과 사모님을 통하여 신부를 그냥 받게 하신 것입니다. 지금 생각해도 이것은 하나님의 은혜요, 예비하심입니다. 아무것도 가진 것 없이 출발한 빈궁한 신혼살림이었지만 기도하며 말씀을 묵상하는 가운데 주님이 주시는 평안을 누릴 수 있었습니다. 또한 결혼 전부터 아내가 목회를 향한 나의 꿈을 잘 알고 있었기에 결혼 후 우리는 교회 개척이란 부부 공동의 목표를 공유할 수 있었습니다. 제게 개척의 첫 동역자가 생긴 것입니다.

결혼을 하고 나자 안정감이 생기고 더욱 자신감도 생겼습니다. 하지만 그게 화근이었습니다. 하나님의 시간을 단축해보려고 제 나름대로 꾀를 부렸던 것입니다.

그때까지만 해도 저는 교회를 개척하려면 어느 정도 재정적인 뒷받침이 있어야 한다고 굳게 믿었습니다. 그런데 이제 깨닫고 보니 그게 큰 우상이었습니다. "원주 명륜동에 땅을 사서 아담한 교회를 세우면 어떨까?" 나름대로의 계획은 거창했지요.

그런데 교회를 세우기 위해 필요한 경비를 조사해 보니 아무리 못해도 10억 원 정도는 필요했습니다. 엄청나게 큰 돈이었지만 하나님께서는 원하시는 일이라면 정해진 때까지 채워주시리라는 믿음을 가지고 나는 아내에게 이 사실을 설명했습니다. 그리고 우리는 교회 개척에 필요한 재정을 확보하기 위하여 각자 일터로 나아갔습니다. 하나님의 시간을 단축시키는 노력을 시작한 것이지요.

제 아내는 조그만 상점을 하나 열어 일을 하였고 나는 낮에는 일을 하고 저녁시간에는 순복음 총회 신학교 야간반에 입학하여 공부를 했습니다. 아내는 일과 살림 두 가지를 다 맡아서 하느라 고생이 되었을 텐데도 언제나 나에게 미소로 대해 주었습니다.

저는 신혼임에도 불구하고 일과 공부에 묻혀 아내에게 신경 쓸 겨를이 없었습니다. 그런데도 아내는 불평 한마디

없이 늘 나의 든든한 후원자가 되어 주었습니다. 아내는 새벽마다 교회에 나가 나를 위해 기도해 주었으며, 어려울 땐 사랑의 수고와 헌신을 감당해 주었습니다. 아내는 나를 위해 자신의 모든 것을 포기할 뿐 아니라 고난과 역경도 잘 감수해 주었습니다. 그런 아내가 있었기에 지금의 내가 있다는 사실을 잘 알기에 나는 아내를 생각하면 늘 감사한 마음뿐입니다.

하지만 저의 오산은 후일 제게 크나큰 짐을 떠 안겨주는 화근이 되고 말았습니다. 하나님의 시간을 앞당기려다가 오히려 후퇴시키고 마는 일이 벌어졌던 것입니다.

처음 제가 택한 직업은 모 회사의 영업직이었습니다. 이 직업을 택한 이유는 학업을 병행하고 있는 터라 자유로운 시간 활용이 필요하기도 했고 성과에 따라 보수가 달라지기 때문에 열심히만 하면 교회 개척 자금을 빠른 시간 안에 모을 수 있다고 판단했기 때문이었습니다. 또한 교회개척 후 전도를 위해서는 처음 보는 사람들을 만나는 훈련도 필요하다고 나름 판단했기 때문입니다.

처음에 교회 개척을 위한 일념으로 열심히 일을 했습니다. 또 하나님께서 무엇인가 뒤를 밀어주고 계시다는 확신도 있을 정도로 계약이 잘 이루어졌습니다.

정말 잘 되어가기에 이대로만 가면 머잖은 장래에 꿈을 이룰 것도 같았습니다. 드디어 제 나이 28살이 되던 해 기도하는 가운데 하나님께서 이제 교회 개척할 때임을 알려주시는 듯 했습니다.

하지만 저는 하나님의 부르심에 즉각 순종할 수 없었습니다. 그 이유는 당시 목표로 정했던 개척을 위한 자금 10억이 아직 달성되지 않았기 때문입니다. 그래서 저는 하나님께 신호를 보내었습니다.

"하나님, 아직은 아닌 것 같습니다. 7년만 더 시간을 주십시오. 그래서 10억이 다 모이면 제가 개척을 시작하겠습니다"

그 기도 후에는 더욱 악착같이 일해서 7년 후 약 6억 7천만 원 정도의 돈을 모았습니다. 당시로서는 엄청난 액수였습니다. 그런데 그 뒤 2년이 지났음에도 불구하고 10억이 차지 않았다는 이유 때문에 교회 개척을 위한 준비보다 10억을 모으는 데 관심을 기울이고 있었습니다. 그러다가 결국 하나님의 시간을 놓쳐버리고 말았습니다.

그러면서 저의 사업도 알게 모르게 실패의 나락으로 가라앉고 있었습니다. 아내의 사업이 잘되고 있었고, 제 사업 또한 번창하고 있었기 때문에 욕심이 생긴 것입니다. 사업 규모를 확대하면 매출이 늘어나 10억원이 금방 채워질 수 있을 것만 같았습니다. 그래서 그동안 모은 돈을 거의 다 투자하고 은행 대출까지 받아서 사업을 확대하기로 했습니다. 은행에서 대출받는 것도 별 문제가 없었고, 목이 좋은 곳에 널찍한 점포를 임대하여 내부를 수리하고 가게를 열었습니다.

　그런데 이게 웬일입니까? 기대와는 달리 수익이 부진했던 것입니다. 새 점포에서 나오는 수익으로는 은행 이자와 종업원 급여도 줄 수 없었습니다. 조금 있으면 나아지겠지 하고 기다렸지만 시간이 흘러가도 개선의 여지가 보이긴커녕 일은 더 어렵고 복잡하게 꼬여가고 있었습니다.

　"설마 목이 이렇게 좋은 곳인데 망하기야 하겠어."

　스스로를 위로하며 때를 기다렸지만 그것은 저의 시간이 아니었습니다. 하지만 오기가 생겨 포기할 수 없었습니다. 기존 점포에서 얻는 수익을 새 점포에 쏟아 부으면서 버틸 때까지 버티기로 했습니다. 그러나 말 그대로 밑 빠진 독에 물 붓기였습니다. 결국 사채까지 끌어 쓰게 되었고, 그렇게 늘어나기 시작한 빚이 제 발목을 잡았습니다. 운신의 폭은 좁아지고 하루하루 시간이 지나면서 실패가 드러나기 시작했습니다.

그렇게 사업이 점점 기울어가고 있었지만 하나님의 시간은 전혀 다르게 전개되어 가고 있었습니다. 점점 저는 더 이상 헤어나올 수 없는 길로 가고 있었습니다.

누가 보아도 망해가는 사업이었지만 저는 그동안 잃어버린 것을 만회하려고 악성부채를 더 빌려 사업을 확장하고 투자를 계속했습니다. 스스로의 무덤을 판 것입니다. 이젠 누가 보아도 실패와 부도가 눈앞에 있었습니다.

그러던 중 하나님으로부터 신호가 오기 시작했습니다. 그해 여름, 주일학교 부장을 맡아 섬기고 있던 교회에 여름 수련회가 있었습니다. 수련회 장소는 깊은 산속에 있는 기도원이었는데 시원한 계곡이 내려다 보이는 곳이었습니다. 수련회 둘째날 오후가 되자 날씨가 더워 다들 멱을 감기로 하고 계곡으로 갔습니다. 아이들은 시원한 물가에서 첨벙거리며 즐겁게 놀기 시작했습니다. 그런데 잠시 후, 아이들이 비명을 질러대는 게 들려왔습니다. 깜짝 놀라 뛰어가보니 한 아이가 깊은 곳에 빠져 허우적거리고 있는 것이 아닙니까?

저는 한눈에 그 아이가 바로 제 아들이라는 것을 알아차릴 수 있었습니다. 재빨리 물에 들어가 아들을 건져내왔습니다. 아들은 얕은 물가에서 놀다가 발을 헛디뎌 그만 깊이 팬 바위 밑 웅덩이에 미끄러져 들어가게 된 것이었습니다. 아들을 건져내왔지만 물을 많이 먹은 데다 탈진해서 정신을 차리지 못하고 있었습니다. 새파랗게 질린 입술로 덜덜 떨고 있는 아들을 가슴에 안고 진정시키고 있는데 웬지 이 일이 우연한 사고 같지 않다는 느낌을 받았습니다.

그날 저녁 저는 수련회 프로그램을 마치고 기도원 근처의 산에 올라가 하나님 앞에 기도했습니다.

"하나님 오늘 있었던 아들의 사고는 무슨 뜻입니까?" 하고 하나님께 여쭙자 하나님은 그 동안 내가 잘못 생각하고 잘못 행동한 것들을 파노라마처럼 펼쳐 보이셨습니다. 하나님의 이런 지적 앞에 저는 무너져 내릴 수밖에 없었습니다.

"하나님, 제가 교회를 개척하기 위해 10억 원을 모으겠다고 했던 것은 하나의 핑계였습니다. 교회는 하나님께서 세우시고 이끄시는 것입니다. 개척의 소명을 받은 자는 생명을 걸고 교회를 개척해야 함에도 불구하고 저는 돈에 의지하여 안이하게 교회를 세우려 했습니다."

저는 그날 밤이 새도록 눈물을 흘리며 하나님께 회개했습니다. 하나님의 시간 계획표를 무시하고 제 마음대로 시간을 벌겠다고 시작한 엇길이 결국 이러한 사건으로 이어졌다는 생각에 한 없이 저 자신을 돌아보며 회개했습니다.

하나님이 함께하지 않으시면 건축자의 모든 수고가 헛된 것이라고 말은 많이들 하지만 저는 하나님 없이 혼자 모든 것을 다 하려고 했던 것입니다. 결과는 너무나도 비참했습니다. 저는 그 여름을 계기로 하나님 앞에 그동안의 나의 어리석음과 교만을 철저히 회개했습니다. 그리고 이렇게 기도했습니다.

"나의 하나님! 하나님께서 원하신다면 이젠 빈손으로라도 교회 개척을 하러 나가겠습니다."

결국 그제서야 정신을 차린 저는 모든 것을 뒤로 하고 하나님의 시간표에 저 자신을 얹기로 했습니다. 여러분들도 하나님의 시간을 놓치지 마시기 바랍니다. 하나님의 시간에 따라 살면 늦은 것 같으나 빠르고 빠른 것 같으나 늦게 됩니다.

10

창조적 갱신을 추구하라

자기 갱신은 한번으로 만족하지 말아야 합니다. 무딘 철 연장을 갈지 않으면 쓸 때 힘이 더 들기 마련이듯이 끊임없이 육체적, 정신적, 사회적, 영적 갱신을 추구해야 합니다. 지도자 자신이 먼저 변화하고 새로워지려고 노력하면 교회는 희망이 있습니다. 그러나 변화를 싫어하면 죽음뿐이라는 것을 지난 10여 년간 저는 뼈저리게 느꼈습니다.

저는 주의 종으로 부름 받은 이후 오직 교회 개척만을 유일한 소망으로 삼고 살아왔습니다. 그래서 나름대로의 포트폴리오를 짰습니다. 지금 생각해보면 저의 얄팍한 생각이었지요.

처음 개척 당시 반듯한 교회 건물을 세워서 재정 걱정 없이 목회를 시작하고 싶었던 생각에 개척자금 10억 원을 마련하기 위해 사업을 시작했습니다. 처음에는 크게 번창했지만 이후 사업을 확장하는 과정에서 그만 실패를 했고, 2억이 넘는 빚더미만 떠안고 말았습니다.

그러나 여름 수련회 중에 아들을 잃을 뻔한 일을 겪고 나서야 하나님의 뜻대로 살기보다 내 뜻대로 살려고 했던 죄를 깨닫고 깊이 회개했습니다. 그때서야 비로소 저는 교회 개척에 필요한 것은 돈이 아니라 하나님을 향한 믿음이라는 것을 깨달았습니다.

처음 수련회에서 돌아와 하나님께서 교회 개척을 지금 원하신다는 사실을 아내에게 말했습니다. 그러자 아내는 지금 사업도 어려운데 형편이 좀 나아지면 그때 교회를 개척하자며 선뜻 내키지 않아했습니다. 나는 다시 기도하며 며칠 동안 아내를 설득했습니다. 마침내 아내는 말했습니다.

"섶을 지고 불로 뛰어들어가는 것 같은 기분이지만 하나님의 뜻이라니 당신의 의견을 따르겠어요."

우리는 밤을 새워 기도하면서 교회 개척을 어떻게 시작할 것인가에 대해 함께 고민했습니다. 결국 그동안의 사업을 모두 정리하여 남은 돈으로 조그만 건물이라도 임대해서 교회를 시작하자는 계획을 세웠습니다. 좋은 여건은 아니었지만 교회를 시작한다는 생각에 모험을 앞둔 사람처럼 마음은 설레기만 했습니다.

그런데 우리들의 계산은 현실 앞에서 다시 한 번 산산조각이 나버리고 말았습니다. 막상 사업을 정리하려 하자 우리에게 잔금을 치르기로 한 업주들이 슬슬 피하기 시작했습니다. 아마도 그들은 우리가 그만둔다니까 다시 볼 사람 아닌데 잔금을 치르지 않아도 된다고 생각했던 모양이었습니다. 주변 사람들은 그런 사람들에게 돈을 받으려면 거칠게 다루어야 한다고 충고했지만 아내와 나는 도저히 그렇게 모질게 대할 수가 없었습니다.

미리 물건을 주고 후에 받기로 한 물품 대금을 태반이나 받지 못했기 때문에 사업을 모두 정리한다 해도 은행 대출금조차 다 갚을 수가 없게 되었습니다. 더욱이 우리가 사업을 접기로 했다는 소문이 돌자 갚기로 한 시한이 남아 있음에도 불구하고 채권자들이 몰려들었습니다. 그뿐 아니라 그들은 우리가 망해서 사업을 포기한 것으로 알고 돈이 될 만한 것들을 찾아 모두 압류하여 가져가 버렸습니다. 결국 우리는 2억 1080만 원이라는 빚더미만 안은 채 모든 것을 포기하고 나와야만 했습니다.

그때 난생 처음 서러운 눈물을 흘리면서 회개했습니다. "개척 비용은커녕 2억원이 넘는 빚만 남게 되었습니다. 이제 어떻게 해야 합니까? 이 상황에서 내가 무엇을 할 수 있겠습니까?" 한참을 소리 내어 기도하는데 양심을 두드리는 하나님의 세미한 음성이 들려왔습니다.

"네가 진정 의지하고 있는 것은 무엇이냐." 순간 나는 놀라지 않을 수 없었습니다. 그동안 하나님을 의지하고 산다는 데에는 추호의 의심도 하지 않았고, 교회 개척 자금을 다 모으지 못했지만 하나님의 부르심에 순종하고자 모든 일을 다 내려 놓았다고 생각했습니다. 그런데 하나님께서는 나의 마음 중심을 보시고 나 스스로도 알지 못하는 마음 깊은 곳에 자리 잡은 나의 생각을 간파하고 계셨던 것입니다. 누구보다도 철저하게 하나님을 신뢰한다고 생각했는데 그 말씀을 통해 사실은 그렇지 않은 자신을 보게되었습니다. 교회를 세우기 위해 모든 일을 다 포기했다고했지만 아직도 남은 물질에 의존하고 있는 나의 생각을 하나님은 아신 것입니다.

그동안 개척을 위해 필요한 물질에 너무 얽매여 있었던

것입니다. 개척 비용을 마련하기 위한 나의 집착은 하나님을 신뢰하는 믿음보다도 큰 것이었습니다. 그리고 그 생각은 뿌리로 남아 마음 깊이 항상 존재하고 있었던 것입니다. 이것은 하나의 불신앙이었습니다.

하나님께서는 모든 것을 잃어버리고 오히려 많은 빚을 안게 된 어려운 상황을 통해 마음 깊숙이 자리 잡고 있었던 물질을 의지하는 불신앙을 깨닫게 해 주셨습니다. 그날 밤, 나는 부끄러운 마음으로 하나님께 철저하게 회개하는 기도를 드렸습니다.

남은 빚 2억을 생각하면 잠도 오지 않았지만 하나님께서 무일푼, 아니 마이너스 재정 상태로 나를 부르신 데에는 분명 어떤 뜻이 있으리라 믿고 힘을 냈습니다. 하지만 빚 독촉을 한 번씩 경험하고 나면 무기력해지곤 했습니다. 이 상태로는 목회를 시작한다는 것이 불가능해 보였습니다.

하지만 나와는 달리 아내는 교회 개척에 아주 적극적이

었습니다. 하루는 경기도 인근을 돌아보고 오더니 안산 사
동이라는 곳에 500만원 보증금에 월 50만원 임대 건물이
있으니 거기서 교회를 개척하자고 권하는 것이었습니다.
저는 "그럼 거기는 아니에요." 하고 딱 잘라 말했습니다.
하나님께서는 개척할 교회의 이름을 주실 때는 '명륜' 이
라고 응답하셨는데 그곳 지명이 '명륜' 과 관계가 없었기
때문이었습니다. 그렇지만 아내는 한 번 기도해 보라고 내
게 권유하였습니다. 이곳은 아니라고 생각하면서도 달리
방법은 없었습니다.

그즈음 저는 서울이나 원주 명륜동에 싸게 임대할 수 있
는 곳을 백방으로 알아보았지만 그런 곳을 찾기가 여간 힘
들지 않았습니다. 하는 수 없이 저는 아내의 말대로 하나
님께 기도해 보고 결정하기로 했습니다. 밤이 되어 가족이
모두 잠든 시간에 조용히 거실로 나와 무릎을 꿇고 안산
사동에 개척하는 것이 하나님의 뜻인지를 알려 달라고 기

도하였습니다. 기도하는 가운데 마음에 평안이 찾아들었습니다. '하나님께서 이곳을 예비하셨구나' 하는 마음이 들었습니다.

우리는 집을 팔아 빚을 어느 정도 정리하고 교회를 개척하기 위해 남긴 500만 원을 들고 안산 사동을 찾아갔습니다. 그곳은 시화호에서 가까운 안산의 변두리 지역이었습니다. 임대를 한다는 건물을 찾아가 보니 3층 건물의 지하로 약 25평 정도 되는 공간이었습니다. 햇빛도 잘 들어오지 않고 그다지 마음에도 들지 않는 곳이었지만 우리가 가진 돈으로는 이 정도 공간을 찾기가 쉽지 않을 것 같았습니다. 그래서 그냥 이곳으로 결정하기로 마음먹고 집 주인을 만나러 갔습니다.

그런데 집 주인을 만나 교회를 개척하려고 한다고 말하자 "교회에는 임대를 안 합니다."라고 말하는 것이었습니다. 나는 하도 의아하여 "교회에 내 주시면 안 될 이유라도 있으신가요?"라고 물었고 집 주인은 자신도 인근 교회에 다니고 있는 교인이긴 하지만 교회에 임대를 줬다가 만약 교회가 어려워져서 임대료를 못 내게 되면 어떻게 그것을 받겠느냐며 거절하였습니다. 저는 집 주인을 설득했습니다. "집사님이 교회를 위해 건물을 빌려 주시는 것 자체만으로도 하나님께서 기쁘게 여기실 것입니다. 그리고 하나님께서 월세를 내지 못할 정도로 그렇게 내버려 두지는 않으실 것입니다. 반드시 다달이 정한 월세를 내겠습니다." 나의 자신 있는 말에 집 주인은 마지못해 승낙을 했습니다.

다음날 우리는 지하실에 잔뜩 쌓인 먼지들을 걷어 내고 석고보드로 지하실 일부분을 막아 사택도 만들었습니다. 햇빛도 안 드는 지하실 작은 방으로 이사를 와야 하는 궁색한 형편에도 아내는 조금도 싫어하거나 불안한 내색을 하지 않았습니다. 최근 사업이 힘들어지기는 했지만 그래도 교회 개척만 아니라면 이렇게까지 많은 빚을 지고 옹색

한 지하실에서 살지 않아도 되었는데도 아내는 나의 소명을 이해해 주고 모든 것을 감수하며 따라 주었습니다. 진심으로 아내가 너무나 고마웠습니다.

그러나 요즘처럼 교회의 성장이 어려운 상황에서 어느 누구의 후원도 없이 맨손으로 교회를 개척한다는 것은 결코 쉬운 일이 아니었습니다. 그것도 빚을 진 상태에서의 교회 개척은 거의 불가능하다고 말해도 무방할 정도였기에 제가 개척 초기에 겪은 어려움은 말로 형언할 수 없을 정도였습니다.

저희 부부는 하루가 멀다하고 찾아오는 빚쟁이들 때문에 노이로제에 걸릴 정도였습니다. 성전은 햇빛도 잘 들지 않는 지하실인데다 좁기까지 해 어쩌다가 교회를 찾은 성도들마저 발걸음을 다시 돌릴 정도였습니다. 빚은 여전했고 성도는 늘지 않았으며, 열악한 목회 환경으로 인해 목회를 포기하고 싶다는 생각을 한 적도 있었습니다.

그렇게 목회 인생의 한계에 다다른 저는 '죽을 각오로 목회를 하자. 여기서 일어나지 못하면 다른 어디에서도 일어날 수 없을 거야.' 라는 마음을 품고 새로운 목회 인생을 시작했습니다. 오직 주님만을 붙잡고 밤낮을 가리지 않고 기도했습니다. 기도 가운데 하나님께서 위로해 주시고 소망을 주셨습니다. 이런 환상들은 식어가던 저의 마음에 다시금 용기를 주었고, 점차 부흥에 대한 믿음도 갖게 되었습니다.

교회를 개척한 지 1년 8개월이 지날 즈음에는 처음으로 절망이 점차 희망으로 변해갔습니다. 처음 10명이 드리던 예배는 참석 인원이 두 배로 늘어났습니다. 15평 정도의 예배당에서 20명의 성도들이 예배를 드리자니 자리가 부족했습니다. 교회는 계속해서 발전해 나갔습니다. 교인들로부터 설교가 은혜롭다는 증거를 받기 시작하고 기도회 때 병든 자가 치유되는 역사가 일어나자 주변 동네로 소문이 퍼져 8개월 동안 장년만 80명이 늘어났습니다.

교인들이 계속 불어나자 개척 2년 뒤에는 지하에서 지상으로 성전을 옮겼고, 다시 2년 뒤에는 2층으로 성전을 증축했습니다. 이후에도 거듭되는 성장으로 2002년 말에는 안산 본오1동에 위치한 지금의 '상록수명륜교회' 성전을 옮겨갈 수 있었던 것입니다.

지난 10년의 목회를 되돌아보니 7년은 주로 하나님보다 내가 앞장서서 행한 것 같았습니다. 하나님보다 앞서서 행하면 돌아오는 것은 늘 실패와 좌절이었습니다. 그런데 최근 3년 동안은 주로 하나님께서 나보다 앞서 행하신 것을 경험했습니다. 오직 주님을 믿고 따랐을 때 하나님께서 예비하신 놀라운 해결책을 경험했고 앞서 행하시는 하나님을 절실하게 느낄 수 있었습니다.

더욱 감사한 것은 저희 교회는 새신자 정착률이 85%에 달하고 있다는 점입니다. 지하 교회로 시작해 오늘날의 성장을 이룰 수 있었던 것은 오직 말씀과 성령을 의지해 균형잡힌 목회를 펼친 결과라고 요약해서 말씀드릴 수 있겠지만, 무엇보다 성도들을 말씀으로 교육하고 성령을 체험케 함으로 그들의 삶을 변화시켰기 때문에 초대 교회와 같은 건강한 교회로 거듭날 수 있었습니다.

교회를 개척하기 전에 제가 꿈꾸었던 것은 처음부터 온전한 교회를 세우는 것이었습니다. 교회 개척에 성공하기 위해선 무엇보다 목회에 전념할 수 있는 여건이 있어야 한다고 생각했습니다. 임대 교회로 시작해서 매달 월세와 생활비를 걱정하며 교회를 시작하고 싶지 않았습니다. 환경만 된다면 작지만 아름다운 교회를 건축하고 생활비에 얽매이지 않으며 자유롭게 목회를 하고 싶었습니다. 이것은 비단 나만의 꿈이 아니라 아마도 교회 개척을 꿈꾸는 거의 모든 목회자들의 바람일 것이라 생각합니다. 저는 일종의 안전한 보루가 필요하다고 생각했고 그것은 바로 교회 개척에 필요한 물질이라 여겼습니다. 이 보루를 얻기 위해 나는 많은 시간과 노력을 기울였습니다.

하지만 나중에서야 하나님의 뜻은 내 뜻과 다르다는 것을 알게 되었습니다. 개척자의 안전을 제공해 줄 수 있는 것은 이 세상의 것이 아니라는 사실을 하나님은 한참 뒤에야 나에게 깨닫게 해 주셨습니다. 교회는 사람의 뜻으로 시작되는 것도 아니고 사람의 힘으로 이루어지는 것도 아닙니다. 전적으로 하나님의 뜻 안에서, 그리고 하나님의 능력으로 시작되고 이루어진다는 것을 너무나도 뼈저리게 느낍니다.

너무나 당연한 말이지만 교회 개척자는 무엇보다도 하나님을 의지해야 합니다. 교회를 시작하고 자라게 하는 모든 자원과 능력이 하나님께만 있기 때문입니다. 그러나 나는 이런 사실을 깨닫기까지 참으로 많은 시간 동안 연단의 과정을 경험해야 했습니다.

Chapter 02

출발을 넘어 도약으로

11

창조적 팀사역을 추구하라

지도자는 혼자 일하지 않고 함께 일하는 자입니다. 권위주의적인 목회자는 점점 더 인기를 잃을 것이고, 창조적 협력을 좋아하는 자가 21세기 인기 있는 지도자가 될 것입니다. 그러므로 직접 일하지 말고 사람을 통하여 일하고, 상황에 따라 리더십 스타일을 바꾸는 융통성을 발휘하여야 합니다. 답답하다고 자신이 다 하려고 하는 지도자는 반드시 지쳐 쓰러질 것입니다.

헨리 나우웬(Henri J.M. Nouwen)이 워싱턴의 인간개발연구소(Center for Human Development)의 15주년 기념식

에서 행한 강연 제목이 "21세기 크리스천의 리더십"이었습니다. 그는 현대 크리스천들이 빠지기 쉬운 유혹 세 가지를 말했는데 "현실적이 되라", "멋있게 보이라", 그리고 "힘이 최고다"는 것이라고 지적했습니다. 그는 이 세 가지 유혹의 주제는 예수님께서 광야에서 사탄에게 받으신 것들이라고 했습니다.

세속 사회의 일원이 되어 살아가면서 우리는 타성에 젖어갑니다. 처음에는 하나님의 말씀으로 산다고 해놓고서는 크리스천도 현실적인 능력이 있어야 한다고 믿어가고 있습니다. 제가 그랬습니다. 크리스천들이 너무 비현실적이라고 매도하기까지 했습니다. 하나님 말씀은 교회에 있는 동안 먹는 것이고 현실에서는 떡을 먹고 산다고 외치는 사람들이 부지기수입니다.

교회와 성도들도 기도보다 더욱 현실적인 것을 찾아 나아가고 있습니다. 기도하면서도 응답을 기다리기보다는 힘을 가진 권력자의 눈치를 더 살피고 있습니다. 하나님 영광을 말하면서도 자기의 멋 부리는 기회로 삼으려는 모습들이 더 많습니다. 하나님의 뜻을 말하면서도 사람들의 이해관계를 더 따지며 정치로 풀어가려는 모양이 더 많습니다.

한 나라의 흥망성쇠는 한 사람의 지도자와 그의 리더십에 달려 있다고 해도 과언이 아닙니다. 지도자들의 아집이나 이기심, 안일함 혹은 무능 때문에 일반적으로 많은 사람들이 어려움에 직면하게 되기 때문입니다. 국가뿐 아니라 교회도 위기에 처해 있습니다. 10여 년 전부터 우리나라의 교회들이 성장둔화 현상을 보이더니 이제는 그 현상이 더 쇠퇴하여 감소추세로 접어들었습니다. 우리의 바람은 교회가 상향곡선을 나타내는 것이었으나 실제적으로 하향곡선을 나타내고 있는 것입니다. 한국의 교인 감소 현상의 원인은 어디에서 찾을 수 있을까요?

여러 사람들이 많은 이유들을 제시하고 있습니다. 그 중에서도 이만열 교수는 사회의 안정과 물질의 번영, 교계 지도자들의 윤리적 타락, 교회의 분열, 교회의 예언자적이며 제사장적인 사명을 감당하지 못한 것들을 그 원인으로 지적하고 있습니다.

마이런 러쉬는 『새로운 지도자』란 자신의 저서에서 "다른 어떤 천연자원이나 에너지의 고갈보다도 인류가 직면하고 있는 더 심각한 문제는 그 어느 시대보다도 지도자와 리더십 부족의 시대에 우리가 살고 있다는 것이다."고 지적하고 있습니다. 크리스천 리더십의 권위자인 존 맥스웰도 "리더십이 모든 것이다."라고 말합니다. 맥스웰의 말처럼 만사가 리더십에 달려 있는 것입니다. 이 말은 "인사가 만사이다."란 말과 일맥상통합니다.

그렇다면 급변하는 국제 사회에서 우리나라가 지속적으로 번영하고, 복잡 다양한 사회 속에서 개척 교회가 건강하게 성장하기 위해서는 지도자가 어떤 리더십을 갖추어야 할까요? 시대와 상황에 적합한 지도력을 발휘해야 하는데 한국 상황에 알맞은 지도력은 어떤 것일까요? 그 효율적인 리더십을 위하여 지도자가 갖추어야 할 자질과 개혁적인 요소들에 대하여 살펴보는 것이 제가 다시 펜을 든 이유입니다. 목사의 리더십이 구역장(지역장)들에게 나누어져서 적당하게 배치될 때 하나님의 교회가 건강하고 아름답게 성장한다는 것입니다. 소그룹 내 인간관계와 책임을 통한 구역장 리더십의 중요성에 대해 말하려고 하는 이유가 여기에 있습니다.

12

역할을 분담하는 구역 목회

한국의 교회는 복음이 들어온 지 1세기가 채 되기도 전에 전 국민의 4분의 1이 기독교인이 되는 놀라운 영적 부흥과 함께 서구교계의 놀라움과 부러움을 샀습니다. 그러나 이러한 기쁨이 채 가시기도 전에 한국교회는 성장이 둔화되는 현상이 나타나고 있습니다.

통계청이 지난 2006년 5월 25일 발표한 '2005 인구주택 총조사 전수집계 결과(인구부문)'에서 우리나라의 개신교 인이 860만 명에 불과한 것으로 나타났습니다. 이 같은 수치는 그동안 한국교회가 내세워왔던 '1200만 성도'와 큰 차이가 있는 것이어서, 이에 대한 해석과 반응이 분분합니다.

또 이번 결과에 따르면 우리나라의 각 종교별 신자 수는 불교, 기독교, 천주교 순으로 10년 전과 변화가 없지만, 불교와 기독교가 차지하는 비중은 소폭 하락한 반면 천주교의 비율은 증가한 것으로 나타났습니다.

통계청의 이번 발표에 따르면, 2005년 11월 1일 현재 약 4,700만 명의 한국인 중 종교를 가지고 있는 인구는 2,490만 명(53.1%)에 달했습니다. 총 인구 중 불교 인구가 22.8%(1,072만)로 가장 많았고 기독교 18.3%(861만), 천주교 10.9%(514만) 순으로 나타났습니다. 전체 인구 중에서 차지하는 비율은 불교가 0.4%, 개신교가 1.4% 감소했고 천주교는 4.3% 증가했습니다.

이에 대해 교계에서는 다각도로 이러한 침체를 벗어나고자 하는 노력을 기울이고 있으나 이전과 같은 급작스런 교인의 증가는 어려운 것이 사실입니다. 아마도 인구 증가의 추세가 주춤한 것이 그 이유 중의 하나일 것입니다. 통계청의 발표 내용을 살펴보면, 2005년 11월 1일 현재 우리나라의 총 인구는 4,728만 명으로, 2000년(4,614만 명)에 비해 114만 명(2.5%) 증가, 연평균 0.5% 증가한 것으로 나타났습니다. 이는 50년 전인 1955년(2,153만 명)보다 2.2배 증가한 것입니다. 또한 수도권 인구는 2,277만 명으로 전체 인구의 48.2%를 차지하며, 2000년보다 141만 명(6.6%) 증가한 것으로 나타나 인구의 수도권 편중이 심화되었음을 보여주었습니다.

특히 동 지역이 4.8%, 읍 지역이 5.0% 증가한 반면에 면 지역은 14.3%가 줄어들어 여전히 도시 지역으로 인구가 집중되고 있는 것으로 드러났습니다.

연령별로는 30대, 40대 인구가 가장 많으며, 유소년 인구가 감소하고 노년 인구가 증가함에 따라 '항아리형' 인구

피라미드를 나타내는 것으로 조사됐습니다. 유소년 인구는 1970년을 정점으로 계속 감소하고, 청장년 인구는 계속 증가하고 있으나, 증가율이 둔화되어 전체 인구에서 차지하는 비중(71.6%)이 2000년(71.7%)에 비해 감소한 것으로 나타났습니다. 반면에 65세 이상 노년 인구는 1995년 이후 빠른 속도로 증가하여 2000년의 300만 명대 진입에 이어 5년 만에 400만 명대로 진입하였습니다. 노년 인구의 비중은 9.3%로 2000년의 7.3% 보다 2.0% 증가하여 인구고령화가 급속하게 진행되고 있음을 알 수 있습니다.

2006년 6월 1일 뉴스앤조이에서는 의미 있는 기사를 내어 놓았습니다. 즉 농경이 주를 이루었던 전통 사회에서는 노인을 포함한 대가족이 생산 활동에 참여했고 이러한 상황은 생산 활동의 주체이자 가산의 대표인 노인이 가장 존경받고 중시되는 환경을 제공했다는 것입니다. 그리고 농촌 사회를 토대로 한 유교 사상은 예로부터 우리 사회의 구성원들을 통합시키는 중요한 종교의 역할을 감당해 왔다고 말합니다. 그러나 유교가 그 사상의 토대를 상실한 현대 산업사회는 이에걸 맞는 새로운 종교 이념을 필요로 합니다.

그렇다면 기독교인 수가 감소한 것과는 반대로 천주교인들의 수가 증가한 것은 무엇 때문일까요? 물론 관점에 따라서 이 부분에 대해서 의견이 있을 수 있지만 제 생각은 이렇습니다. 첫째, 천주교는 종교적 색채를 가지고 있습니다. 그들만이 가지고 있는 그들의 엄숙한 의례는 오늘날 쉼 없이 바쁘게 살고 있는 현대인들에게 멈추어 설 수 있는 공간으로 비쳐졌을 것입니다. 더구나 결혼도 하지 않고 엄격한 규율 속에서 살고 있는 성직자들의 모습 속에서 현대인들은 자신들의 삶과는 다른 종교의 영역을 발견하게 되는 것이 아닐까 합니다. 오늘날 현대인들이 찾고 있는 종교성은 이와 같이 영적 가치를 전해줄 수 있는 구별

된 것입니다. 천주교는 현재 이러한 이미지를 가지고 있는 것으로 보입니다.

둘째는 천주교가 가지고 있는 봉사적 이미지입니다. 언론을 통해 언급되는 천주교 성직자들의 헌신적인 봉사 활동들은 천주교가 많은 봉사를 감당하고 있다는 인식을 심어주기에 충분합니다. 특히 소록도에서 평생을 헌신했던 오스트리아 수녀의 이야기라든가 마더 테레사의 헌신적인 봉사 이야기는 천주교가 이러한 이미지들을 구축하는 데 큰 몫을 담당했다고 봅니다.

셋째는 개인적인 차원에서 의미의 추구입니다. 조용한 장소로서의 천주교회와 그 의례는 오늘날 삶의 의미와 존재의 의미를 추구하고 있는 현대인들에게 무언가 사색이 가능한 곳으로 보였을 것입니다. 그곳에 가면 쉼이 있고 의미가 있을 것이라는 이미지는 여가화 사회에 들어선 현대인들에게 아주 중요한 부분입니다. 특히 삶의 성찰과 존

재 의미의 추구 가능성은 그 무엇보다도 큰 선택 요소가
될 수 있었을 것으로 보입니다.

즉 1990년대부터 사회적으로 강조된 사회복지 분야에서
교회가 자신의 역할을 다하지 못했다는 비난이 이러한 통
계에 나타납니다. 그것은 하나 되지 못하고 분열만을 거듭
해 온 한국교회의 고질적인 병에서부터 출발하고 있습니
다.

정영택 목사님도 교회의 공신력이 추락한 것이 기독교
의 교세가 꺾인 가장 큰 원인 중의 하나라고 생각한다고
밝혔습니다. 지난 수년 동안 한국교회는 대형교회를 중심
으로 사회 속에 많은 물의를 빚었습니다. 나름대로의 정당
성을 갖고 있다고 하더라도 비난을 면하기 어려운 일들이
많이 일어났고, 그 일들이 매스컴을 통하여 공개되는 과정
속에서 대중들이 기독교에 대한 실망과 회의를 갖게 하였
습니다. 참으로 안타까운 일입니다. 이제라도 우리는 무릎

을 끓고 회개하고 새로 일어서는 용기를 가져야 합니다.

김진홍 목사님은 13만 회원에게 보내는 아침묵상에서 "한국 개신교가 지금에 당면한 위기를 극복하려면 먼저 철저한 자기 회개와 피나는 노력이 뒷받침 되어야 한다"며, "누구보다 대형교회가 앞장서서 회개와 정화 운동을 해야 한다"고 강조했습니다.

또한 "지금처럼 한국교회의 대국민적 이미지가 극도로 나빠지게 된 원인은 첫째는 대형교회들에서 비롯됐다"며 "가톨릭 교회가 사제의 질을 높이는 데 정성을 쏟고 복지와 사회참여 활동 등 대사회적 이미지를 높여 나가는 일에 집중해 성장했던 비결을 본받아야 할 것"이라고 말했습니다.

결론적으로 말해 한국교회가 성장은 추구해왔으나 교회 본질의 사명에는 충실하지 못했기 때문에 오늘날과 같은 상황이 초래된 것이라 볼 수 있습니다.

한국교회는 사회봉사에 대하여 새롭게 생각할 때가 왔습니다. 봉사는 기독교의 중심적인 가치요, 실천의 목표였습니다. 본래 기독교인이 된다는 것은 곧 하나님을 섬기고 이웃을 섬긴다는 것을 의미합니다. 한국교회사 속에서 살펴볼 때, 기독교가 전통적으로 신앙을 강조하고 업보적 구원론을 극복하려는 쪽으로 강조되어 왔기 때문에 신앙의 실천이 약하게 선포되었던 것이 사실입니다. 기독교 내부에서는 "믿음으로만 구원을 받는다"는 명제와 "행함이 없는 믿음은 죽은 믿음이다"라는 명제가 항상 대립되어 이해되어 왔습니다.

또한 기독교는 상대적으로 의료사업과 교육사업, 자선사업과 사회봉사 사업 등은 복음 선포라기보다 선교의 한 방법으로만 이해되어 왔기 때문에 구원의 핵심과는 거리가 있는 것으로 생각되어 왔습니다. 이것이 결국 개신교회의 사회봉사를 약화시킨 이유가 아닐 까 합니다.

주지하다시피 우리는 종교개혁의 후예로서 은총으로만 구원 받는다는 것을 잘 알고 있지만 실천을 신앙과 분리한다든지 선교와 봉사를 분리한다든지 하여 실천을 약화시키는 신앙관을 가져서는 안 될 것입니다. 복음이 단순히 개인구원의 차원에서 머물지 않고 세상을 변혁시키는 주체가 될 때 교회는 질적으로 양적으로 성장할 수 있을 것입니다. 그러므로 지역사회의 이해를 바탕으로 한 선교방안을 연구하는 것은 21세기를 맞이하는 시점에서 시의적절하다 할 것입니다.

　그러므로 그동안 한국교회의 공이라고 할 수 있는 순수한 신앙운동의 토대 위에 사회봉사라는 성경적 가르침을 접목하여 신앙과 봉사의 두 균형을 이룰 때 한국교회는 오랜 침체를 벗어나 새롭게 도약할 수 있을 것입니다.

　저와 저희 교회는 3년 전에 한국국제기아대책기구가 운영하는 네팔 바라트폴 보건대학 후원이사장에 위촉됐습니다. 정정섭 부회장 등 기아대책 관계자들과 현지를 방문, 네팔 정부와 바라트플 보건대학 지원 문제를 논의했습니다.

기아대책기구는 1997년 네팔 농촌 및 산간벽지 주민들의 의료, 보건상황을 개선하기 위해 한국국제협력단(KOICA) 등의 지원으로 바라트플에 네팔 유일의 보건요원 교육전문대학을 설립했습니다. 바라트플 보건대학은 네팔 문교부가 공식 인정한 기관으로 네팔인들을 위한 보건 인력 양성에 전념해 왔습니다. 그러나 최근에 운영난을 겪으면서 보다 견고한 후원체제가 필요한 상황이었습니다.

저는 평소 선교지향적인 교회를 추구해 오던 중 바라트플 보건대학 후원을 결정했습니다.

특히 저는 지구촌 기아문제에 대해서 강한 소명 의식을 가지고 있었습니다. 교회의 설립 목적이 선교와 구제라고 생각하며 교회 성장도 그 같은 목적을 이루기 위한 것이라고 생각했습니다. 교회는 공식, 비공식적으로 1년에 7만 달러에 달하는 비용을 지원하며 모든 성도가 바라트풀 보건대학을 위해 중보기도하기로 했습니다. 또한 매년 3~4차례 성도와 함께 현지를 방문, 학교 운영 실태를 점검하기로 했습니다.

저는 교회와 선교기관, 기독 NGO들이 긴밀하게 협력해 한국 선교를 한 단계 업그레이드시켜야 한다고 생각합니다. 한국 교회가 전문성 있는 기관의 조언을 통해 역할 분담을 정확하게 할 경우 선교 효과가 배가될 것입니다.

전편에서도 말씀드렸듯이 저자는 교회를 개척하면서 전체 재정의 50%를 하나님께 드리겠다고 서원했었습니다. 지금은 25% 정도 드리고 있습니다. 상록수 명륜교회는 네팔뿐 아니라 에콰도르, 필리핀, 미얀마 등지에서도 선교를 하고 있으며 북한과 중국 선교 등도 계획하고 있습니다.

제가 어려운 가운데 목회를 하면서 깨달은 것은 하나님

은 적게 심는 자는 적게 거두고 많이 심는 자는 많이 거두게 하신다는 사실이었습니다. 풍성해져야 남을 돕겠다는 것은 스스로 구제를 하지 않겠다고 말하는 것이나 같습니다. 저는 주를 위하여 심고 드리면 하나님이 알아서 더 채워주시는 것을 깨달았습니다.

13

목회에도 단계적 전략이 필요하다

저의 부족한 책이 나가고 난 뒤 세미나를 열었는데 참 많은 목사님들이 관심을 가지고 참석해 주셨습니다. 그때 강의 내용중에 "교회 규모에 따라 따른 성장 전략을 세워라"는 원리를 제시하였는데 첫회부터 목회자들에게 큰 인기를 모았습니다.

교회성장청지기훈련원과 개척교회성장연구소가 주최했던 이 세미나에서 저는 50명, 100명, 300명 등 교회 규모에 따른 단계별 목회전략을 제 경험에 비추어 소개했었습니다.

전국 교회 목회자 500여 명이 참석한 이 세미나에서 저는 『개척교회 1% 성공스토리』의 내용에서 알 수 없었던 보다 구체적인 사례들을 중심으로 단계별 교회 성장 전략에 대해 집중 강의했습니다.

소규모 개척교회도 50명, 100명, 300명에 맞는 단계별 모고히 전략만 잘 세우고 실천하면 충분히 성장할 수 있습니다.

제가 지하 개척교회를 11년 만에 2,200명의 대형교회로 부흥, 성장시킨 이면에는 이렇게 성장규모에 따른 단계적인 전략이 있었기 때문에 가능했던 것입니다.

특히 교회 성장의 원동력이 된 것은 지(구)역장 제도였습니다. 저는 이것을 두 번 세 번 강조하고 싶습니다. 이 제도를 통해 평신도를 동역자들을 제자화시켰기 때문입니다.

그때 세미나에 참석한 한 목회자가 "미자립교회의 목회

자로 수많은 시도를 해보았지만 교회 성장은 요원했다.”면서 “이번 교회 성장 세미나는 실제적인 노하우를 알기 쉽게 설명해 실천의 동력을 제공했다.”고 말씀하시는 것을 들었을 때,

"아! 하나님이 나의 경험으로 수많은 주님의 종들에게 도움을 주시려고 그렇게 고난을 주셨구나." 하는 것을 깨닫게 되었습니다.

또 어떤 분은 “이 목사님의 노하우를 들으면서 귀가 열리고 교회 성장에 대한 새로운 희망을 발견했다”고 말하기도 했습니다. 그제서야 저는 “아! 있는 자를 부끄럽게 하시고 강한 자를 부끄럽게 하시려고 나 같은 사람을 부르신 것이구나." 하는 것을 알게 되었습니다.

이처럼 교회성장에 대한 열망은 가득하면서 그 실제적인 원리를 모른 채 고전을 면치 못하는 현실이 오늘 한국교회의 현실입니다. 전체 5만여 교회 중 미자립교회가

70%에 이른다는 통계만 보아도 한국교회의 하부구조가 얼마나 취약한지 알 수 있습니다.

사실 저도 농촌 교회 출신입니다만, 농어촌교회와 개척교회는 중대형교회의 못자리와 같습니다. 그러므로 개척교회들이 자립하지 못하고 성장하지 못하면 한국교회 전체가 공멸하게 됩니다. 지난번 한국교회의 성장이 마이너스를 기록했다는 통계는 사실 겸허하게 받아들여야 할 하나님의 경고라고 생각합니다. 개척교회를 성장시켜 자립하도록 도와야 할 책임이 이미 성장한 교회들에게 있는 것입니다.

목회자의 임무에는 하나님의 세상구원을 선포하며 하나님의 주권 아래 모든 사람들이 복종하는 순결한 마음을 회복시키는 것이 포함됩니다. 이 때문에 교인을 늘리는 성장전략은 전통적으로 필수요소가 됐고, 말씀대로 살아가려는 성실한 성도를 길러내는 양육은 최근 각광받는 프로그램으로 정착되고 있습니다. 양만 강조되던 목회현장이 질적인 변화의 필요성을 적극 수용하는 상황입니다.

저희 상록수명륜교회가 양과 질을 동시에 추구하며 성도 3명을 2,200여명으로 성장시킨 사례를 보면 교회성장이 결코 멈춘 것이 아님을 보여줍니다. 그것도 11년 만에 이루어진 일입니다. 교회성장을 이룬 목회자들이 말하는 성장의 한계치를 두 번이나 훌쩍 넘어서 이제 초대형교회를 향해 전진하는 일만 남았습니다.

교회를 개척해서 현재의 상록수명륜교회를 이끌고 있지만 이것이 저 스스로 한 일이라고 한 번도 생각해본 적이 없습니다. 오로지 하나님의 은혜가 아니었다면 결코 일어날 수 없었던 일이라 생각할 뿐입니다.

3명에서 2,200여명으로 수직상승을 이끌어낸 저의 성장모토 이면에는 하나님의 사랑을 강렬하게 체험한 어린 시절이 있었습니다. 저는 12살의 어린 나이로 기도하면서 성령의 강력한 체험을 통해 하나님의 살아계심과 삶에 개입하시는 능력을 믿게 됐습니다. 어린 시절 이 같은 체험을 해본 사람은 많을 것입니다. 하지만 저는 장년 때까지 이를 기억하며 헌신의 삶을 살았습니다. 저에게는 사회 여러 분야로 진출할 기회가 많았지만 신학교를 선택했고, 군 제대 이후 형의 사업 실패로 찾아온 생활고로 인해 중퇴 위기에 몰리기도 했지만 결국에는 무사히 학업을 마칠 수 있었습니다. 순전히 어린 시절 받은 은혜의 결과였습니다.

저는 교회개척을 앞두고 심각한 고민에 휩싸였던 적이 있습니다. 스스로에게 던진 목회자로서 충분한가라는 질문에 용기를 가질 수 없었기 때문입니다. 휘몰아치는 비를 맞으며 밤샘기도로 처절한 몸부림을 친 것도 수차례였습니다. 저는 결국 아들을 잃을 뻔한 사건을 겪으며 두 손 들고 하나님 앞에 복종하게 되었습니다.

교회 이름을 명륜교회로 지은 것은 밤샘기도의 결과였

습니다. 하지만 하나님은 크고 화려한 예배당이 아닌 햇빛
도 잘 들지 않는 지하의 작은 공간을 허락하셨습니다. 처
음 두 가정 성도 3명으로 시작된 교회는 점점 입소문이 퍼
져 10명으로 늘어났습니다. 첫달 임대료를 걱정해야 할 만
큼 열악하기 짝이 없는 환경이었지만 일단 하나님께 모든
것을 의탁하자 주님은 형통의 은혜를 부어 주셨습니다. 인
근교회의 한 목회자가 "자신의 교회를 맡아서 운영해 달
라"고 부탁하는 아닙니까? 그 교회는 무리한 건축으로 상
당한 빚을 지고 있었습니다. 이렇게 해서 저는 부도난 교
회를 양도받아 건강한 교회로 탈바꿈시켰습니다.

목회의 핵심을 이룬 새벽기도와 금요기도는 저에게 있
어서는 절대 포기할 수 없는 부분입니다. "기도하기 싫으
면 다른 교회를 찾으십시오." 불평하는 교인들에게 이렇게
말했습니다. 1999년에는 예배당을 증축했고 2002년 11월
에는 지하 1층 지상 4층의 교회를 또 한 번 인수했습니다.

역시 부도난 교회였습니다.

이상했습니다. 쓰러져가는 교회를 받아서 다시 세우는 일을 하니 말입니다. 3명으로 시작한 교회가 이런 과정을 거쳐 점점 성장하여 현재 대형교회가 된 것입니다.

이렇게 성장을 경험하고 난 후 제가 얻은 결론은 목회는 그 숫자에 따라서 해야 할 일이 다르다는 것입니다. 먼저 한 명의 성도도 없는 미자립교회일 때는 꿈을 꾸는 것이 중요하다고 말씀드리고 싶습니다. 요엘 선지자의 약속에 따르면, 성령이 우리에게 오시면 늙은이는 꿈을 꾸고 젊은 이는 이상을 보리라고 하였습니다. 성령의 역사 가운데 중요한 것 중의 하나가 꿈꾸기가 아닐까 합니다.

저는 10명이 채 안 모일 때 100명 목회의 꿈을 꾸었습니다. 그리고 100명이 채 모이지 않을 때 1,000명의 성도가 모이는 꿈을 꾸었습니다. 그리고 1,000명이 넘어 2,000여 명에 이른 지금 나는 1만 명이 운집하는 꿈을 꾸고 있습니다.

또 7만 명, 20만 명, 100만 명을 꿈꾸고 있습니다. 꿈꾸는 것은 죄가 아닙니다. 설사 다 못이루었어도 최선을 다했다면 하나님은 칭찬하실 것입니다.

그런데 꿈꾸기만 중요한 것이 아니었습니다. 꿈에 걸맞는 태도와 자세도 필요했습니다. 한번은 교회 내에 아주 미운 사람이 있었습니다. 정말 미웠습니다. 그를 어떻게 할까 별의별 생각이 다 들 지경이었습니다. 그러다가 그가 인접한 이웃교회로 간다고 하면서 교회를 나가버렸습니다. 그래서 그 사람의 이름을 교적부에서 뺄까 생각도 해보았습니다. 우리교회는 등록하면 등록하는 그날부터 고유번호가 붙는데 교적부에서 제적하면 당연히 고유번호도 상실하게 됩니다. 하지만 나는 속으로 이렇게 생각했습니다.

"야! 이상철! 앞으로 1만 명 목회할 사람이 그러면 못쓴

다. 그딴 작은 일로 옹졸하게 처신하면 어디 주님이 쓰시겠는가?'

그렇게 생각하니 그를 도저히 미워할 수가 없었습니다. 그래서 참고 또 참았습니다. 그런데 이게 왠일입니까? 그가 1년 만에 돌아온 것입니다. 그러더니 자신의 고유번호와 이름이 남아 있는 것을 보고 눈물을 흘리며 회개하는 게 아닙니까?

"목사님, 제 이름을 기억하며 기도해 주고 계셨군요. 전 그런 줄도 모르고 목사님 마음만 아프게 했으니 용서해 주십시오. 앞으로 더욱 열심히 주를 위해 살겠습니다."

저 같은 경우를 위로로 삼아 지금 지하실에서 100명도 채 모이지 않는 교회를 담당하고 계신 분들도 꿈꾸기를 멈추면 안 됩니다.

성도의 수가 100명을 넘어서면 이때부터 교회는 본격적으로 조직화하기 시작해야 합니다. 즉 지(구)역장들을 선발해 제자훈련을 실시해야 한다는 말입니다. 100명이 채 모이기 전에는 일꾼들을 선발해도 별 의미가 없습니다. 그 이유는 사람들은 일정 숫자 이상이 모여야 경쟁심이 나타나기 때문입니다. 건전한 경쟁심은 교회성장에 있어서도 필수적입니다.

교인의 수가 300명이 넘어서면 이때부터는 부교역자의 역할이 증대되기 시작합니다. 인사는 만사라고 했듯이 부교역자 하나 잘 뽑으면 교회는 물 만난 고기가 되어 만사가 형통하게 굴러갑니다.

1,000명이 넘어선 교회는 조직력과 시스템이 작동하게 해야 합니다. 즉 자신의 교회에 딱 맞는 프로그램을 전통을 가지고 유지하되 제자훈련을 확고히 하여 목회자가 특별히 관여하지 않아도 시스템이 작동하도록 할 필요가 있습니다. 이때부터는 목회자가 꿈꾸고 지번을 제시하는 만큼 교회가 자라게 됩니다.

14
리더십이란?

교회 개척을 시작해놓고 얼마 있지 않아 감자탕 교회의 이야기를 읽은 적이 있습니다.

감자탕 교회는 한국교회의 빛과 소금 역할을 하고 있는 서울광염교회의 또 다른 이름입니다. 버젓한 예배당은커녕 커다란 감자탕집 간판에 가려 이름조차 보이지 않는 초라한 모습의 셋방살이 교회. 그러나 조현삼 담임목사의 탁월한 리더십과 교인들의 사랑과 나눔의 실천을 통해서 한국교회의 새 모델을 제시하고 있었습니다. 이 작은 교회가 한국교회에 미치는 영향은 매우 지대했습니다.

빛 광(光)자와 소금 염(鹽)자를 쓴 서울광염교회는 세상의 빛과 소금이 되라는 성경말씀을 교인 모두가 한몸처럼 실천하고 있었습니다. 예배당이 작은 큰 교회, 감자탕 교회는 건물보다는 사람을 세우는 데 더 높은 가치를 두고 있는 교회라고 했습니다다. 외형만을 중시하는 양적 성장을 거부하고 내면을 중시하는 질적 성장을 추구하는 것이 무척이나 마음에 들었습니다.

사람의, 사람을 위한, 사람에 의한 교회, 사랑과 칭찬과 감사로 충만한 교회, 예수님의 마음으로 모든 영혼을 진정으로 사랑하는 교회, 모든 사람이 성장하는 교회가 광염교회였습니다. 그때 책에서 서울광염교회의 10대 비전을 보았습니다.

1. 세계에서 전도비를 가장 많이 지출하는 교회

2. 국내외에 100개 이상의 교회를 설립하는 교회

3. 100명 이상의 선교사를 지원하는 교회

4. 1천만장 이상의 전도지를 전하는 교회

5. 우리나라에서 구제비를 가장 많이 지출하는 교회

6. 100명 이상의 고아와 과부의 생활비를 지원하는 교회

7. 1만 가정 이상을 천국의 모형으로 만드는 교회

8. 우리나라에서 예수님 닮은 인재를 가장 많이 양육하는 교회

9. 100명 이상의 목회자를 양성하는 교회

10. 100명 이상의 사회 각 분야 최고지도자를 양성하는 교회

저는 그분의 목회비전을 보면서 충격을 받았습니다. 교회에서의 경쟁을 지양하며 가난한 사람, 고난 받는 이웃, 외국인에 대한 장벽을 없애고 새신자에 대한 장벽을 없앰으로써 어느 조직에서나 있게 마련인 텃세를 근절하였던 것입니다. 목사와 교인이 서로 섬기며, '지금 여기서' 천국의 모형을 만들어가는 모습도 눈여겨볼 만했습니다. "과

거에는 교회에 갔다 오면 기쁨이 없었다. 늘 죄인이라는 생각이 들었다. 그런데 서울광염교회에서는 힘이 생겨난 다"는 것이 그 교회 교인들의 고백이라고 했습니다. 저는 그 책을 보면서 그 교회의 지도자가 누굴까 궁금했습니다. "목사와 신도는 서로 섬기는 대상이지 군림의 대상이 아니 다"라는 확고한 신념 아래, 이미 10년 전부터 섬김의 리더 십을 실천해 보여주고 있었습니다.

존경의 나무는 감동을 먹고 자랍니다. 감동 없는 존경이 란 없는 법입니다. 광염교회의 조 목사님이 보여주시는 리 더십의 핵심은 솔선수범이었습니다. 하나님과 성도들의 종이라는 섬김의 자세로, 따뜻한 아버지의 마음으로 언제 나 궂은 일에 앞장서는 목사. 자신이 먼저 회개하고, 스스 로 먼저 가난한 삶을 택하고, 행복의 모범을 보여주는 그 의 목회 철학의 기본은 솔선수범이었습니다. 이것이 바로 그가 사람들로부터 존경과 사랑을 받는 이유였습니다.

그때부터 저도 사랑과 겸손의 리더가 되는 것이 저의 목표가 되었습니다. 희망을 전하고 행복을 전하는 전도자가 되겠노라고 결심했습니다. 저 역시 지금은 100명도 채 모이지 않는 가난한 개척교회의 목사이지만 1,000명, 3,000명, 10,000명을 꿈꾸며 착실히 리더십을 갖추어 나가겠노라고 다짐했습니다.

최근 기업에서도 '벽없는 조직' 을 부르짖으며 열린 경영을 도입하고 있습니다. 다양성을 인정하면서 상하 좌우로의 자연스러운 의사소통을 통해 활기 넘치는 조직을 운영하고자 하는 것입니다.

조 목사님에게서 배울 점 한 가지는 자신의 목회의 근간을 이루는 '아버지 철학' 입니다. "어떤 마음을 품고 목회를 하느냐가 중요한 것 같습니다. 개혁자의 마음을 품고 목회를 하면 모든 사람들이 다 개혁의 대상이 됩니다. 선생의 마음을 품고 목회를 하면 모든 사람이 다 가르침의 대상이 됩니다. 경영자의 마음을 품고 목회를 하면 모든 사람들이 다 평가의 대상이 됩니다. 그러나 아버지의 마음을 품고 목회를 하면 모든 사람이 다 사랑의 대상이 됩니다."

또 서울광염교회는 재정을 100만 원만 남기고 집행한다고 합니다. 예산의 30% 이상을 구제장학선교사업에 쓰는가 하면, 매년 5천만 원이 넘는 장학금을 지급한다고 했습니다. 셋방살이 살면서도 개척교회에 1억 원을 지원함으로써 인재양성을 적극적으로 지원한다는 것입니다. 또한 모든 재정을 100% 공개하는 열린 목회, 투명 목회를 실천한다는 데에는 정말 많은 감동을 받았습니다. 저도 광염교회만큼은 아니더라도 부지런히 그분의 뒤를 이어가는 목회를 하려고 합니다.

자기가 속한 조직의 구성원으로부터 변함없는 존경을 한몸에 받는 리더를 만나는 경우는 사실 드뭅니다. 그래서 참된 리더는 때로는 섬기는 자세로 때로는 아버지의 마음으로 교인들을 포용하고 사랑합니다. 모든 교인들을 하나님의 소중한 자녀로 대하고 믿고 일을 맡기며, 사람을 세우는 데 앞장섭니다. 교인들은 감동 속에서 심령의 기쁨을 누리게 됩니다. 이렇게 감동받은 교인들은 자신이 발견한 행복을 전하기 위해 자발적으로 뛰어나가 전도의 용사로 변하는 것입니다.

"지도자는 태어나는 것이 아니라 만들어지는 것이다"라고 합니다. 우리는 새 시대에 알맞고 어울리는 적합한 지도력을 갖춘 사람들을 키우는 일을 게을리 해서는 안 될 것입니다. 안정된 상황에서 지도자의 비중은 크지 않지만 오늘날처럼 격변하는 시대에서 지도자의 책임은 더욱 커집니다.

미래는 진정한 지도자를 요구합니다. 우리가 준비하고 계획을 세워 한 사람씩 지도자로 키워 나가면 언젠가는 결실을 거둘 때가 올 것입니다. 한국 교회의 재건을 위해서 사람을 키워야 할 뿐 아니라 국가가 바로 되기 위하여 사람을 키워야 합니다. 우리는 지금까지 잘못된 지도자 한 사람이 얼마나 교회를 망칠 수 있으며, 나라를 망칠 수 있는가를 공부하고 있습니다. 잘못된 기업가 한 사람이 얼마나 많은 사람들에게 불안과 고통을 안겨다 줄 수 있는지도 배우고 있습니다. 이제 더 이상 시행착오를 겪지 않았으면 하는 것이 우리 모두의 바람일 것입니다.

21세기는 복합적이고 다양한 시대이므로 다방면에서 준비된 지도자가 배출되어야 합니다. 특히 교회는 더 늦기 전에 정직하고 편협하지 않으며 성경적 가치관을 확립한 하나님의 사람들을 각계 각층으로 배출하여 하나님 나라가 확장되도록 해야 한다고 믿습니다. 복음화가 구체적으로 구석구석에서 이루어질 수 있도록 교육되고 준비된 사람들을 키워가야 할 것입니다.

그런데 목회를 하면서 느끼는 것 중의 하나가 목회자가 되겠다는 소명이 부족해서 고난을 겪고 있는 목회자가 의외로 많다는 것입니다.

그러나 저 같은 경우 하나님이 부르셨다는 확신이 너무나도 뚜렷했습니다. 소명을 받지 않은 목회자들은 자신이 힘들고, 그 다음은 가족, 성도, 그리고 하나님이 힘이 드는 법입니다. 하나님이 부르지도 않았는데 나 목회를 하겠다, 집사를 하겠다, 장로를 하겠다 하면 하나님도 곤란하신 법입니다. 나는 아들에게도 하나님이 부르시면 무조건 순종을 하되 부르시지 않으시면 하지 말고 말합니다.

장로님들 역시 마찬가지입니다. 장로님이 되지 않았다면 교만해지지 않고 목사들 괴롭히지도 않아 상급을 많이 받을 터인데 장로가 될 사람이 아니면서 장로가 되어 오히려 손해를 보는 성도가 얼마나 많습니까? 정말 좋은 장로님을 1명을 두는 것은 100명 300명 이상으로 힘이 되지만 반대로 정말 힘든 장로님 1명을 모시는 것은 100명 300명 모시는 것보다 더 힘듭니다.

리더십이란 그냥 생기는 것이 아니라 하나님이 불러주셔야 하고 본인이 철저하게 낮은 자세로 하나님의 양들을 돌보겠다는 생각이 있을 때 생기는 성령의 은사인 것입니다.

저는 지금까지 목회를 그만두려고 결심한 적이 3번 있었습니다. 그런데 그때마다 하나님께서 절 막으셨습니다. 하나님은 제가 기도할 때마다 빚도 많고 보잘것없는 이 사람을 믿고 하나님의 종으로 믿고 충성스럽게 섬겨주신 우리 집사님들 얼굴을 보여주시는 것이었습니다. 그래서 목회를 그만두지 못하고 하나님께 다시 엎드려 길을 열어달라고 부르짖었습니다. 그때 하나님께서 제게 다시 힘을 주신 게 바로 이 소명이었습니다. 그 슬픔과 아픔을 다 겪고 나니 배짱이 생겼습니다.

성경적 리더십은 배짱이 있어야 한다는 것을 그 때 처음
으로 깨달았습니다.

"내가 내 일을 하느라 어려운 것도 아닌데 비굴할 필요
가 뭐 있나." 하는 배짱이 생긴 것입니다. 제가 어려서 초
등학교를 다닐 때 운동을 잘해 탁구선수를 좀 했습니다.
초등학교 선생님이 테니스 국가 대표 출신이셨는데, 시골
분교로 오신 후에 할 수 있는 운동을 찾으시다 선택한 것
이 탁구였나 봅니다. 선생님 부부는 탁구대를 사서 아이들
에게 탁구를 가르치셨습니다. 그러다가 운동을 제법 하던
제가 선생님 눈에 띄어 선수로 훈련을 받게 되었습니다.
그래서 연습하러 갔더니 다른 것은 하나도 안 가르쳐 주시
고는 계속 한 동작만 시키시는 것이 아닙니까. 한 동작만
계속해서 시키시던 선생님은 뽑혀온 10명의 아이들을 관
찰하시며 한명씩 탈락시키셨습니다. 기껏 뽑아온 아이들
을 왜 떨어뜨리나 생각해보니 바로 체력 때문이었습니다.

그리하여 저는 탁구를 하면서 그 기본 한 동작밖에 못 배웠습니다. 제가 만약 다른 동작을 하나만 더 배웠더라면 아마 전국대회에서 입상 정도는 하지 않았을까 싶습니다.

이 말씀을 왜 드리는가 하면 운동선수는 기본기가 좋아야 한다는 것을 말씀드리기 위해서입니다. 기본기가 있으면 언젠가는 빛을 봅니다. 금방 못 볼 수도 있지만 언젠가는 빛을 봅니다. 그래서 운동선수 중에 보면 김재박 씨 같은 분이 결국 성공을 하는 게 아닐까요?

또한 운동선수 중에 김주성 씨나 박지성 씨같이 기본기가 잘 갖춰진 선수들은 점점 빛을 보고 결국에는 성공을 하는 것을 보게 됩니다. 여기서 중요한 또 한 가지는 그런 인물을 발굴하여 성장시키는 지도자가 있어야 한다는 것입니다.

지도력이 있는 은사나 선배나 동역자들이 나이나 성별에 관계없이 실력을 알아주는 사람을 보면 빛을 본다는 것은 동서고금을 막론한 진리입니다. 인물이 인물을 알아본다는 말도 있듯이 말입니다. 그런데 기본기가 안 되어 있는 운동선수는 어떤 한계에 다다르면 더이상 성장하기가 힘듭니다. 열심히 하지만 안됩니다.

리더십이 그렇습니다. 지도자감은 다릅니다. 될 성싶은 나무는 떡잎부터 알아본다고 목사나 장로, 지역장이 될 사람들은 성품이 다르고 사람들을 다루는 솜씨가 다릅니다. 이런 사람을 찾아내는 것이 목회성공의 큰 관건이라 볼 수 있습니다.

그러므로 목회자는 스스로도 리더로 자라야 하지만 리더를 잘 발탁하는 사람이 되어야 합니다. 왜냐하면 부교역자나 일꾼들을 잘못 뽑아 고생하는 일이 한 두 번이 아니기 때문입니다. 경험을 해보니 목사는 자신이 자란 만큼 사람을 알아보고 뽑을 줄 아는 것이었습니다. 그러므로 스스로 자라기를 멈추면 도태하고 맙니다.

15
기본기가 된 사람을 찾으라

교회에 300명이 이상 모이기 시작하면서 일꾼들이 절실히 필요해졌습니다. 장로나 집사 같은 교회의 일꾼을 뽑거나 지(구)역장이나 교구장 같은 리더를 뽑을 때 목회자가 잊지 말아야 할 사실은 그의 뿌리를 보라는 것입니다.

저는 시골에서 자라면서 나무와 자연을 보며 하나님의 뜻을 많이 발견했습니다. 성경에 농사짓는 것과 관계된 것이 나오면 저는 아주 신이 났습니다. "심은 대로 거두리라." 이것은 내가 군에서 거의 빠지지 않고 했던 설교입니다. 갈라디아서 6장 7절의 이 말씀은 눈감고도 설명할 수 있었습니다. 왜냐하면 어려서부터 어머니를 따라 농사를 지어봤기 때문에 그렇습니다.

시골의 산에 가보면 많은 나무가 있는데 그곳엔 죽은 나무도 많이 있었습니다. 그런데 서서히 죽어가는 나무는 거의 100%가 뿌리가 시원찮습니다. 반면에 뿌리가 튼튼한 나무는 설사 가지가 잘렸어도 새로운 가지가 또 나오는 것이었습니다.

땅 위에 보이는 나무는 빙산의 일각입니다. 빙산은 90%는 바다 속에 있고 10%만 물 위에 떠 있습니다. 마찬가지로 땅 속에 있는 눈에 안 보이는 것이 사실은 더 중요한 것이었습니다.

4년마다 열리는 월드컵에 우리가 몇 번째 출전하고 있는데, 우리나라 선수들은 몇 가지의 문제가 있다고 늘 말합니다. 첫째는 체력, 둘째는 기술입니다. 이 두 가지의 기본기가 잘 갖춰져 있어야 점점 빛을 보는데, 그렇지 못해서 항상 문전에서 아쉽게 공격이 무위로 끝나고 맙니다. 하지만 다른 나라 선수들을 보면 기본기가 되어 있는 선수들은 시간이 가면 갈수록 빛을 봅니다.

호나우도나 호나우딩요 같은 선수들은 얼마나 공과 친한지 제기차고 놀듯이 공을 가지고 노는 것을 봅니다. 그 이유는 어릴 때부터 축구를 밥 먹듯이 했고 기초와 기본기 훈련을 유소년 때부터 했기 때문입니다.

하지만 우리나라는 유소년 축구부팀이 그리 활성화되지 못했고 국내 프로경기인 K-리그에 대한 국민들의 대중적인 관심도 적은 것이 사실입니다. 이런 상태에서 월드컵만 열리면 냄비 끓듯이 그냥 한번 달아올랐다가 4년 내내 식어 있는 것입니다. 이런 풍토에서 한국의 축구가 세계를 상대로 이긴다는 것은 어불성설입니다.

더 넓고 더 깊고 더 큰 목표를 바라본다면 그것이 꿈을 그치지 않게 해야 합니다. 기본기를 갖추고 저변을 확대해야 결국 "꿈은 이루어지는 것"입니다.

사역도 마찬가지입니다. 기본기가 잘 갖춰진 운동선수들이 가면 갈수록 빛을 발하듯이 뿌리가 깊고 튼튼한 나무처럼 말씀과 기도의 뿌리가 깊고 또 신앙의 뿌리가 깊을수록 싱싱한 잎을 내고, 또 꽃을 피우면서 열매를 맺는 법입니다. 그만큼 시냇가에 마르지 않는 나무처럼 뿌리를 깊이 내리는 것입니다.

그동안 목회를 하면서 도대체 왜 이렇게 목회가 안 될까? 왜 이렇게 목회가 기쁨이 아니라 짐이 될까? 이런 생각이 들면 만사가 귀찮아지고 힘이 들어 손을 놓고 싶을 때가 많았습니다. 하지만 그때 내 자신을 돌아보면 내게 부족한 것이 기초라는 것을 깨닫고 다시금 기초를 쌓게 하시는 하나님의 섭리를 발견할 수 있었습니다.

전 그렇게 생각했습니다. 여러분께서는 좀 오해하지 마시고 들어주셨으면 좋겠습니다. 간혹 어떤 분들은 우리 교회가 부흥되었다 하면 저절로 된 것이라 생각합니다. 하지만 기초를 세우고 기본기를 갖추게 하시는 하나님의 섭리 가운데 부흥되었다는 것을 알아야 합니다. 그런 측면에서 저는 여러분과 한국 교회는 100% 다 부흥해야 된다고 믿습니다. 왜냐하면 나같이 기본이 부족한 종도 쓰시는데 하물며 여러분이겠느냐 싶어서입니다.

목사님들 만나보면, 한두 가지 빼고는 제가 다른 목사님들보다 나은 것이 하나도 없었습니다. 첫째로, 하나님께서는 저에게 건강을 주셨습니다. 두 번째로는 좋은 가족을 주셨습니다. 이것이야말로 내가 세상에 자랑할 수 있었던 유일무이한 자질이었습니다.

특히 아내야말로 큰 축복중의 하나입니다. 제 아내는 참 털털합니다. 마음도 넓고 가슴도 넓고 히프도 넓고 다 넓습니다. 그 어려운 개척 과정 속에서 불평한마디 없이 지금까지 믿고 따라와 주었습니다. 또한 지금은 건강하지만 예전에는 허리가 좀 아파 고생한 적도 있고, 중간 중간 작은 병들로 인해 한숨 쉬었던 일이 한 두 번이 아니었습니다. 하지만 하나님께 기도하고 매달렸더니 다 고쳐주셨습니다. 이제야 하나님이 신유의 능력이 아직도 세상에 있음을 깨닫게 해주시려고 나의 몸을 치신 것임을 깨달았습니다. 그 이후 전 한 번도 병 때문에 기도해 본 적이 없습니다.

다른 목사님들이 자꾸 나이를 물어볼 때가 많습니다. 제가 1961년 생, 오세훈 서울 시장과 동갑이라면 다들 놀랍니다.

언젠가 제 아들이 군대를 가려고 준비를 하고 있는데 날보고 한 마디 할 것 같았습니다. 평소에도 저에게 "아버지 나보고 제발 자꾸 잘난 사람 되라고 하지 마세요."라고 말하곤 했더랬습니다.

이들이 게으름을 피우고 제때 해야 할 일을 하지 않으면 늘 이렇게 잔소리를 했습니다.

"야 이놈아, 내가 너만 할 때엔 교회 담임목회를 하려고 교회를 찾아다니면서 설교를 했다. 장로님들을 찾아다니면서 빈 교회에 나 목회 좀 해야겠다고 설교를 하고 다녔다. 임마!"라고 했더니 우리 아들이 말합니다.

"아버지, 오세훈 씨는 아버지와 같은 나이에 서울시장을 하잖아요…."

목회자가 서울 시장보다 못할 것은 없지만 그건 또 세상적 기준에 맞춰 생각할 때는 뭐 그렇게 잘났다고 볼 수는 없습니다. 영적인 기준으로는 우리가 그분보다 더 탁월하지만 말입니다. 하지만 걱정도 되는 게 사실입니다.

그런데 젊어서 하나님께서 은혜 주셔서 아플 때 좀 쉬면 빨리 회복시켜 주시고, 건강 주시고, 좋은 가족을 주셨는데 제 생각에는 그 외에는 부흥할 요인을 눈을 씻고 찾아보아도 없습니다.

그러므로 우리 교회가 부흥되었다고 말한다면 대한민국 모든 교회가 부흥되어야 된다고 믿는 것입니다. 저에게는 교회가 부흥될 수 있는 조건보다 안 될 조건이 더 많았습니다. 또 어려서부터 순복음교회를 다녔기에 무엇보다 교단이 불리했습니다.

또 중학교 3학년도 제대로 마치지 못했습니다. 중학교 1년을 채우지 못해 중퇴하고 남은 2년은 주경야독 하며 검정고시를 봐서 겨우 공부를 마쳤기 때문입니다. 고등학교 때는 기장측 교회를 다녔습니다. 졸업 후에는 합동측에서 보냈습니다. 그러더니 조금 있다가는 합동정통측에 있었습니다. 나는 그때서야 장로교에 교단이 많다는 것을 알았습니다.

몇 군데 교단에서 신앙생활을 하였습니다. 하여튼 감리교회에서만 사역이나 직분생활을 못했지 거의 모든 교단을 다 망라해서 신앙생활을 한 셈입니다. 그리고 신학은 합동신학을 거쳐 연세대학교에서도 수학을 했습니다. 여러분도 잘 아시겠지만 연세대는 공부를 하러 가기도 하지만 목사님들과의 교제도 중요시 하는 경향이 있었기에 신학적인 면은 합신측 영향을 많이 받았던 것 같습니다.

합신 가서 제가 몰랐던 것을 많이 배웠습니다. 제 강의 중에 들어와 보면 어떤 때는 순복음교회 목사 같다가 어떤 때는 장로교 목사 같기도 하고, 왔다 갔다 한다고 말씀하십니다. 그러면 저는 여러분들이 그냥 편하게 생각하시면 될 것 같다고 말씀드립니다.

군대를 갔다 와서 복학을 했는데, 군대에 안 간 친구 하나가 나에게 이런 말을 하곤 했습니다.

"우리 아버지가 학장인데 앞으로 대학원 대학교를 세우실 거야. 그러면 내가 이사장을 할 테니까 넌 나중에 학장을 해라."

후에 정말 그 학교에서 강의도 하게 되고, 또 그 학교를 다니며 공부를 하기도 했습니다. 그런데 그 친구의 아버님이 건강을 잃으시는 바람에 학장, 이사장 다 날아가 버리고 학교까지 다 넘어가버리고 말았습니다. 지금은 우리 교단에서 그 학교를 인수해서 넘어와 있지만, 그 때 그 교단에 속한 교회가 400여 곳 정도였는데 마구 싸우고 갈라지고 해서 나중에는 100개 교회밖에 안 되게 되었습니다. 정말 비참해졌습니다. 그런 과정에 그곳에서 6년을 보냈습니다. 6년이 지나고 한 7년 쯤 되던 해에 여러 가지 사정으로 이 교단에 제가 오게 되었던 것입니다. 그러니까 저희 교회가 정말 말할 것도 없는 어디 교단에도 내밀 수 없는 교단적 배경을 갖게 된 것입니다.

지금도 "어느 교단이시죠?" 하고 묻는 게 지금도 제일 힘듭니다. 목사님들은 성도 몇 명이냐 하는 질문 받을 때가 제일 힘든데 저는 거기에 보태서 어디 교단이냐고 묻는 것도 제일 힘든 것이었습니다. 사실 그러면 안 되는데도 불구하고 굉장히 어려웠습니다.

두 번째로는 지리적 환경적 열세였습니다. 저는 지하 25평을 빌려 교회를 시작했는데 햇빛도 잘 안 들어오는 데다 사택이 옆에 붙어 있어 실제 공간은 15평 정도밖에 안 되는 아주 좁은 곳이었습니다. 게다가 버스도 다니지 않는 안산 변두리에 위치하고 있었습니다. 이렇게 열악한 환경에서 교회를 개척한 덕분에 당시 우리 교회 안수집사님이 고생을 많이 하셨습니다. 무슨 고생이냐면 사업하다 망한 제 빚을 받으러 오는 사람을 뒤에서 막아 돌려보내느라 예배를 제대로 드릴 수 없었기 때문입니다.

그러다가 하나님의 은혜로 작년 11월 말일로 빚을 다 갚았습니다. 죄에서 해방된 것도 참 감사하지만 빚에서 해방된 것도 참 감사하다는 것을 그때 참 뼈저리게 느꼈습니다. 그래서 하나님께 늘 감사합니다. 빚 탕감도 받고, 좋은 성도들도 붙여 주셨으니 말입니다. 이런 우리 교회를 생각하면 여러분들의 교회는 필히 부흥되어야 한다고 보는 것입니다.

교단 배경도, 재정적으로도 여러 가지로 어려웠지만 개척 11년여 만에 이만큼 성장한 것은 정말 하나님이 하신 일이라는 것을 알리고 싶습니다.

하나님은 좋은 은사를 제게 하나 주셨는데, 바로 믿음의 은사입니다. 하나님께서 믿음의 은사를 주셔서 정말로 절망적인 환경에서도 엎드려 기도를 하면 저에게 믿음이 오는 것을 느낄 수 있었습니다.

"반드시 우리 교회는 부흥된다!"

저는 많은 동역자 목사님들에게 말하고 싶습니다. 여러분들 중심에, 마음에 상록수명륜교회가 저런 형편 속에서도 부흥이 되었는데 우리 교회도 부흥할 것이다라는 믿음이 오는 분들은 틀림없이 부흥합니다. 하나님은 부흥시키기 전에 우리 마음과 심령을 먼저 부흥시켜 주십니다. 이

건 제가 성경적으로 증명할 수 있고, 제 자신도 체험했으며 제 주위 분들로부터 확인한 것입니다. 어려운 환경에서 어렵게 목회하시는 목사님들 중에 우리 교회는 부흥한다는 믿음을 가진 분들은 행동이나 눈빛이나 말하는 것이 다릅니다. 그래서 저는 우리 심령부터 부흥을 해야 한다고 믿습니다.

16
믿음의 은사만 있어도

제가 지난 11년 동안 목회를 하는 동안 하나님이 저에게 은혜를 주셔서, 한 번 건물을 건축하고 세 번은 구입을 했습니다. 참으로 놀라운 은혜가 아닐 수 없습니다.

어느날, 인근의 교회 하나가 경매에 나오게 되었습니다. 그런데 그 교회에서 돈도 없는 우리에게 돈은 나중에 줘도 좋으니 이 교회를 사라고, 사라고 하는 것 아닙니까? 세상에 그런 경우가 어디 있느냐고 했더니 한 번 돈을 모아보라고 하는 것이었습니다.

그래서 하나님께 기도를 했습니다. 교회가 지하에서 1층으로 올라갈 때, 제 주머니에는 27만원 밖에 없었습니다. 빌려도 보고 싶은 데 2억 씩 빚을 지고 있는 이 전도사를 누가 믿고 돈을 빌려주겠습니까? 기도하는 중에 새벽 1시가 되었는데 그때 우리 하나님이 제게 감동을 주시길, "야 이놈아 빌려는 봤냐?" 그러시는 게 아닙니까?

그런데 빌릴 데가 어디 있나 하는 가운데 그 다음날 한 안수집사님께 칼국수를 대접하다가 넌지시 말했습니다. 그분께 빌린 돈이 1500만원이나 남아 있었는데 말입니다. 주위에 교회가 한 군데 비는데 이러한 사정으로 들어오라 하고, 하나님은 빌려는 봤냐 하시고, 참 속상하다고 그랬습니다. 그런데 집사님이 칼국수를 드시다가 딱 멈추더니 얼마냐고 물어보는 것이 아닙니까?

그래서 1억 5천만 원이라 했더니 5천만 원은 그럼 내가 빌려줄 테니까 나머지는 전도사님이 알아서 하라는 것이었습니다. 성령님이 감동을 주신 것입니다. 빌려주신 5천만 원에 이곳저곳에서 합해 6천만 원을 만들고 그 교회 목사님께 말하니 우선 6천만 원만 받고 나머지는 대출받는 대로 주라고 하는 것이었습니다.

그런데 그 놈의 대출이 신청한지 일 년이 지나도 안 나왔습니다. 하지만 하나님께서 계속 도움을 주서서 형통하게 되었습니다. 이런 역사가 세 번이나 계속되었습니다. 결국 340만 원만을 가지고 6억짜리 건물을 들어갔고, 지금 이 건물도 처음 들어올 때 900만 원 조금 넘게 밖에 없었는데 몇 십억짜리 건물을 하나님의 은총으로 장만하게 된 것입니다.

정말 힘든 과정에서도 목회자가 갖추어야 할 여러 기본기 중에 은사, 특히 믿음의 은사를 주서서 잘 될 수 있었습니다. 이렇게 기본기를 가진 목회자는 계속해서 올라가게 되고 기본기를 가지지 않은 목회자는 어느 자리에서 멈춘다는 사실을 저는 경험으로 알게 되었습니다.

17

지역장 리더십의 중요성

교회의 하드웨어라고 할 수 있는 교회당은 하나님의 은혜로 점점 규모를 갖추어갔지만 정작 중요한 인적 자원과 프로그램은 준비가 덜 되어 있었습니다. 그래서 저는 교회의 모든 프로그램을 지(구)역장 중심으로 하기로 마음먹고 시스템을 짜 나갔습니다. 제가 지(구)역장 리더십을 중요시 한 이유는 하나님께서 작은 지도자를 찾으시기 때문이라고 생각했습니다. 하나님은 사람, 특히 지도자를 통하여 일하신다는 것을 깨달았습니다.

에스겔 22장 30절에 "이 땅을 위하여 성을 쌓으며 성 무너진 데를 나아가 막아섰을 때 나로 멸하지 못하게 할 사람을 내가 그 가운데서 찾다가 얻지 못한 고로"라는 말씀이 있습니다. 이 말씀은 지도자는 중보자라는 뜻입니다. 지도자에게는 하나님과 사람 사이를 연결해 주고 책임져 주는 사명이 있습니다. 중보자가 있으면 하나님의 은혜를 사람에게 전달하고, 사람의 문제를 하나님께 호소할 수 있습니다.

지도자는 "파멸을 막는 자"입니다. 사탄의 공격을 막고, 하나님께서 허락하신 멸망을 취소시키는 힘이 있습니다. "나로 멸하지 못하게 할 사람"이라고 했습니다. 즉 훌륭한 지도자가 있으면 하나님의 심판도, 혹은 심판하실 하나님의 의도도 바꿀 수 있는 것입니다. 그 대표적인 경우가 모세입니다. 하나님의 의도도 바꿀 수 있는 것입니다. 하나님 앞에 죄를 지은 이스라엘 백성에게 진노의 심판이 예정되어 있었으나 그때마다 이스라엘의 지도자 모세는 하나님 앞에 나아가 자비를 구했고, 그 결과 심판을 경감 받거나 면제 받았습니다.

사무엘상 13장 14절에 보면 "여호와께서 그 마음에 맞는 사람을 구하여"라고 기록하고 있습니다. 역시 하나님께서 지도자를 찾으신다는 말씀입니다. 지도자란 하나님의 마음에 합한 자입니다. 다윗이 가장 위대한 성경적인 지도자 중의 한 사람이 될 수 있었던 이유는 그가 하나님 마음에 합한 자였기 때문입니다. 영적 지도자 혹은 발전을 꾀하는 리더십의 최대 조건은 지도자를 세우신 자와의 하나 되는 마음입니다.

예레미야 5장 1절도 하나님이 지도자를 찾으신다는 것을 암시하는 말씀입니다. "너희는 예루살렘 거리로 빨리 왕래하여 그 넓은 거리에서 찾아보고 알라 너희가 만일 공의를 행하며 진리를 구하는 자를 한 사람이라도 찾으면 내가 이 성을 사하리라." 지도자는 공의와 진리가 확실한 자입니다. 현대 지도자학에서도 지식(knowledge), 능력 (power), 도덕성(trust)을 리더십의 3대 요소로 꼽고 있습니다. 이렇게 확실한 지도자 한 사람만 있어도 도시 전체가 구원받을 수 있다는 것입니다.

그 외에도 성경에는 지도자의 근원이 하나님이요 하나님이 지도자를 찾으신다는 말씀이 많이 있습니다. 무엇보다 "리더십의 은사"가 있다는 것이 리더십의 필요성에 대한 하나님의 인정을 말해줍니다. 대체로 성공하는 사람들의 공통점은 믿음의 은사와 리더십의 은사가 있다는 것입니다. 믿음의 은사는 하나님을 만나는 은사요, 리더십의 은사는 사람을 다루는 은사입니다. 이 두 가지 은사가 확실하면 생명체로서의 교회와 조직체로서의 교회를 효과적으로 섬길 수 있게 됩니다. 지도자란 바로 하나님께서 쓰시는 자입니다.

이렇게 수평성장이 아닌 회심성장의 비율의 점점 높아

지다 보니, 저는 양육의 필요성을 절감하게 되었습니다. 또한 300명이 넘어가는 시점에서는 조직의 필요성이 제기되었습니다. 그래서 생겨난 것이 상록수명륜교회만의 독특한 지역장 제도입니다.

교회로 출퇴근하는 지역장 제도는 세계에서 최초로 시작된 것으로 많은 목회자들이 이에 대해 문의해 왔을 정도로 성공적이었습니다.

제가 지역장 제도를 시작한 계기가 있었습니다. 어느 권사님 한분이 계셨는데, 은혜를 받은 뒤로 누가 시킨 것도 아닌데 매일 교회에 나와 아침 10시부터 오후 2-3시까지 전도를 하는 게 아닙니까! 날씨가 안 좋을 때에도 나와서 교회를 청소하고 기도하고 전화 심방하는 모습을 보면서, 이러한 일꾼들을 찾아내어 훈련시켜야겠다는 아이디어를 떠올리게 되었습니다. 주님께서 "밭이 희어져 추수할 때가 되었으니 그러므로 너희는 주인에게 추수할 일꾼을 보내어 주소서" 하라고 하셨는데 정말 그런 일꾼을 보내 주신 것입니다. 그렇게 해서 모인 일꾼들이 15명이나 되었습니다. 이들은 1년 동안 주 6일 출근을 하면서 10시부터 5시까지 교회에서 전도, 심방, 봉사하는 헌신자들이 되었습니다.

1년을 단위로 이러한 일꾼들은 계속해서 갱신되는데, 이들은 지난 1년의 헌신을 통해 가정적으로 물질적으로 큰 축복을 경험함으로 인해, 그들 중 거의 90%가 이 일을 자원해서 유임합니다. 그리고 지역장이 아니더라도 자발적으로 나와 기도하는 중보기도팀들도 있습니다. 이와 같이 저희 상록수명륜교회의 평신도 목회자들의 사역은 교회에 큰 힘이 되고 있습니다.

지(구)역장 리더십이 중요한 두 번째 이유는 사람들이 지도자를 찾기 때문입니다. 모든 사람들이 다 지도자가 되기를 원하는 것이 아닙니다. 많은 사람들이 지도자가 되기보다는 지도자를 따라가기 원합니다. 즉 지도자보다는 추종자가 되기를 소원하는 것입니다. 수많은 추종자들은 참된 지도자가 나타나기를 갈구합니다. 사람들이 지도자를 추종하는 이유는 각양각색이겠지만 공통적인 것은 자신을 위하여 지도자를 원한다는 것입니다.

조지 리델(Georage Liddell)은 지도자를 갈구하는 사람들의 마음을 다음과 같은 기도문에 담아 표현했습니다.

"내게 하나님의 사람을 주소서, 한 사람을. 그의 믿음이 그의 마음을 지배하는 사람을 주소서. 그러면 나는 모든 오류를 바로잡고 그리고 인류의 이름을 축복하겠나이다. 내게 하나님의 사람을 주소서, 한 사람을. 그의 혀가 하늘의 불에 접촉된 사람을 주소서. 그러면 나는 가장 어둔 밤을 밝혀 높은 결식과 깨끗한 열망을 지닌 마음들이 되게 하겠나이다. 내게 하나님의 사람을 주조서, 한 사람을. 주님의 능력이 있는 한 선지자를 내게 주소서. 그러면 나는 칼이 아닌 기도로 이 땅에 평화를 가져오겠나이다. 내게 하나님의 사람을 주소서. 한 사람을 그가 보는 환상에 성실한 사람을 내게 주소서 그러면 나는 무너진 당신의 성소를 재건하고 그 앞에 민족들로 무릎 꿇게 하겠나이다"

지(구)역장 리더십이 중요한 세 번째 이유는 시대적인 위기가 지도자를 구하기 때문입니다. 기업이 무너지려고 할 때, 교회가 위기를 당할 때, 국가가 뿌리째 흔들릴 때 사람들이 가장 갈망하는 것이 그러한 위기를 극복할 지도자입니다. 가장 큰 문제는 문제 자체가 아니라 그 문제를 해결할 수 없다는 현실입니다. 그래서 철학자 칼 야스퍼스(Karl Jaspers)는 사회의 문제는 곧 리더십의 부재의 문제라고 했고, 리더십의 공황이 가장 큰 사회적 위기라고 진단했습니다.

번즈(Burns)도 "오늘 우리 시대에 있어서 보편적인 최고의 열망은 강력한 창조적 리더십에 대한 열망이다."라고 했습니다. 위기일수록 현상유지를 추구하는 관리자보다 새로운 도전과 개혁을 추구하는 지도자가 더 필요합니다. "난세가 영웅을 만든다."는 말이 바로 이러한 위기관리로서의 리더십 개념에서 비롯되었다고 할 수 있습니다. 리더십 학자인 민즈버그(Henry minstzberg)는 지도자의 의사결정에 의하여 투자가 될 수도 있고 낭비가 될 수도 있다고 말한 바 있습니다.

리더십이 중요한 네 번째 이유는 어떤 종류의 조직이든지 그 조직의 성장에 리더십이 필수적이기 때문입니다. 조직은 개인의 집합체입니다. 각 개인의 성장은 조직의 성장에 영향을 미칩니다. 그런데 조직의 성장에 가장 결정적으로 영향을 미치는 존재가 바로 지도자입니다.

그런 점에서 지(구)역의 성장은 지(구)역장 개인 성장의 결과요 열매입니다. 중간 리더십이 없는 조직은 이미 조직으로서의 가치를 상실하게 됩니다. 조직의 사명은 조직의 존재 목적을 이루는 것인데 그 목적의식은 탁월한 리더십에서 출발하기 때문입니다.

예를 들어, 교회의 성장은 그 교회를 이끌어가는 담임목사의 목회 철학과 교회론에 거의 절대적인 영향을 받습니다. 즉 목사성장이 교회성장으로 이어지는 것입니다. 교회성장에서의 담임목사, 그리고 그 담임목사의 리더십의 중요성에 대해서는 거의 대다수의 학자들과 목회자들이 의견을 같이합니다.

『영적 리더십』의 저자로 잘 알려진 오스왈드 샌더스는 교회의 초자연적인 속성을 책임지는 리더십의 필요성에 대해서 이렇게 말했습니다. "교회의 초자연적인 특성은 보통 인간의 수준을 초월하는 리더십을 요구하기 마련이다." 자라나는 세대에 대한 의무를 이행하기 위해서 교회는 권위 있고 영적이며, 희생적인 리더십을 최우선적으로 필요로 하고 있습니다.

미국 교회를 진단하고 연구하는 가장 효과적인 컨설턴트 중의 한 사람인 조지 바나(George Barner) 박사도 오늘날과 같이 전례가 없는 많은 기회들과 풍부한 자원들을 가지고 있으면서도 교회가 실제로 세상을 향한 그 영향력을 상실해가고 있는 가장 중요한 원인은 리더십이 부족하기 때문이라고 지적합니다. 그는 미국교회의 침체와 감소의 원인에 대해서 다음과 같이 비판하고 있습니다.

"나는 하나님의 말씀을 선포하고, 우리 주님을 예배하고, 자신들의 죄를 서로 고백하며, 성령의 기적적인 역사들을 찬미하며, 우리의 자산의 십분의 일을 하나님의 일에 돌려드리며, 기도의 능력과 그리스도의 구속의 보혈을 통한 은혜로 인한 구원을 믿는다. 나는 이 많은 것들뿐만 아니라 더 많은 것들을 믿는다. 그러나 나는 또한 오늘의 미국 교회가 하나님의 백성들을 위한 지도자로서의 부르심의 소명을 극대화하기 위하여 자신의 삶을 드려 그들의 천부적인 능력들과 시장경험, 교육, 훈련, 그리고 영적인 은사들을 사용하는 일에 자신의 생애를 헌신할 수 있는 섬기는 종으로서의 강력한 지도자들을 양육하여 세우는 일에 실패한다면, 시간이 갈수록 이런 기독교의 근본 진리들을 믿는 사람들이 적어질 것이라는 사실도 믿는다."

지도자란 현상유지 정신(maintenance mentality)이 아니라 성장형 정신(growth mentality)을 가진 자입니다. "여기가 좋사오니"라는 안전지대 콤플렉스를 거부하고 새로운 세계를 향하여 과감하게 도전하는 리더십이 있을 때 그 조직이 성장할 수 있는 것입니다. 리더십이 없으면 어떠한 조직도 무력해지고 와해됩니다. 뿐만 아니라 그 조직의 유능한 구성원들조차도 "침묵하는 다수"로 전력하고 마는 것입니다. 리더십이 항상 조직을 위해 섬기는 위치에 있어야 합니다. 조직이 리더십을 위해 있는 것이 아니라 리더십이 조직을 위해 존재한다는 것, 이것이야말로 오늘의 모든 조직이 원하는 리더십 정신입니다.

지(구)역자들을 중간 리더로 키워내야 할 중요한 마지막 이유는 리더십이야 말로 자기개발을 가능하게 하는 최상의 길이 되기 때문입니다. 최근 들어 리더십의 개념이 획기적으로 바뀌고 있습니다. 즉 다른 사람들을 다스리는 공적 리더십(public leadership), 혹은 사회적 리더십(social leadership)보다는 먼저 자신을 다스리는 사적 리더십 (private leadership)이 더 중요하다는 주장이 일반화되고 있는 것입니다. 즉 중간 지도자는 자신이 책임 맡고 있는 조직을 개발하기 전에 먼저 자신을 개발할 수 있어야 한다는 것을 깨달아야 합니다. 조직의 성장은 지역장의 성장에 정비례합니다.

자신을 개발하기 위해 지도자는 태도를 바꾸고, 지식을 확보하고, 끊임없이 훈련하고 탁월한 기술을 익히도록 동기부여를 시켜야 합니다. 태도와 지식과 훈련과 기술 이

네 가지는 자기 개발을 위한 리더십의 4대 요소입니다. 지도자가 되는 것은 전략적으로 사는 것을 의미합니다. 같은 능력과 자원이라도 그것을 활용하는 전략에 따라 생산성과 효율성이 달라집니다. 지도자는 자신의 능력과 자원부터 전략적으로 쓸 수 있어야 합니다.

그 결과 다른 사람의 능력과 자원을 극대화시킬 수 있는 것입니다. 전략적으로 자신을 개발하기 위해서는 자신이 누구인지, 왜 사는지, 무슨 일을 해야 하는지, 그리고 어떻게 해야 하는지에 대해서 분명하게 알고 있어야 합니다. 자기개발은 지(구)역장 지도력의 출발이요, 자기개발의 표현입니다.

18

목사는 지역장과 운명을 같이한다

초대교회가 로마 제국의 핍박을 이기고 세계를 정복하는 종교가 될 수 있었던 것은 실로 "변혁의 누룩"의 역할을 잘 감당했기 때문일 것입니다. 초대교회는 예수님의 형체를 공동체적으로 구현하였던 것입니다. 이들 공동체는 일차적으로 하나님의 말씀, 즉 가난한 자를 위한 복음을 선포하고 그들을 섬기는 사회봉사 제도를 창출하여 약자를 일으켜 세우고 가난한 자들과 함께 나누는 사회봉사를 실현한 것입니다. 결국 이러한 기독교의 봉사와 사랑이 로마 제국의 질서를 뒤집어 놓았다고 할 수 있을 것입니다.

교회의 목적과 목표는 자명합니다. 역사 속에 있는 교회는 무엇이며 그 정체성은 어떻게 조명될 수 있는가 하는 것은 이미 많은 논의를 거쳐 온 문제입니다. 교회는 에클레시아로서 그리스도를 머리로 삼은 몸입니다. 유기적 연합체로서 지역에 속해 있는 것입니다. 교회란 무엇이며 그 정체성은 어떻게 조명될 수 있는지를 새삼 알아야 할 이유가 있다면 지역사회에 대한 교회의 구체적인 사명을 깨닫기 위한 것입니다. 그러므로 교회에 대한 성경적인 이해를 심도 있게 다루어 보아야 합니다. 또 역사 속에서 지역교회가 어떤 모습으로 나타났으며 지역공동체 속에 들어가 뿌리내리게 되었는지를 살펴보는 것이 필요하리라고 여겨집니다.

예수 그리스도의 고난의 삶과 죽음을 통해 기독교는 희생을 배웠고 이를 근간으로 그의 죽음이 주는 케리그마로 코이노니아를 형성했고 사회를 향하여서는 디아코니아를 형성하게 된 것입니다. 이를 위해 집사(Diaknos)들이 임명되었고 그들이 초대교회의 복지를 담당하게 되었습니다. 즉 가난하고 약한 자를 돌보는 일, 궂은 일을 도맡아 하는 아름다운 사랑의 전투부대가 된 것입니다.

저에게는 두 가지 은사가 있습니다. '권면의 은사' 와 '부흥사 은사' 가 그것입니다. 허스키 보이스인 저는 신학교 때 '헤쳐 나온 생활고 때문에 서민층이 대다수인 안산 상록수 지역민과 활발한 교감을 갖게 되었습니다. 그래서 그 어떤 시련을 당한 성도라 하더라도 저에게만 오면 위로를 얻는다고 합니다. 물론 고된 삶은 그대로입니다. 단지 어려움을 헤쳐 나가는 힘과 용기를 얻는다는 얘기입니다.

그래서 지역장들과 동고동락하며 그들을 중심으로 목회를 엮어가기로 마음을 먹었습니다. 저는 신학교 강의와 빼곡한 부흥회 일정으로 매우 바빴지만 교회 중직자 훈련, 신앙훈련, 사회봉사 및 구제 등 지역사회 선교를 한 번도 소홀히 한 적이 없었습니다. 특히 지(구)역장 교육만큼은 어떤 일이 있어도 제가 가르쳤습니다.

저는 제자훈련의 한국적 모델이 지(구)역장 제도라고 생각합니다. 그리고 요즘 강조하는 셀그룹 운동도 지(구)역의 한 방편이라고 생각했습니다.

그래서 특별히 누구한테 배운 것이 아니라 초대교회처럼 성령충만과 전도와 가르침의 은사가 있는 성도들을 선발하여 그들에게 집중적으로 전도의 방법과 말씀을 가르치는 훈련을 시키고 각각의 구역을 정해준 다음 그들로 하여금 전도하는 대로 자신의 구역을 만들라고 했습니다. 그랬더니 의외로 나가서 전도를 하는데 그 열매가 많았습니다. 구역도 한두 개에서 출발하여 수십개 수백개로 늘어나는 기적이 일어난 것입니다.

이론적으로 아무리 소그룹을 공부해도 또 리더십에 대해 이론을 늘어놓는다 해도 실전에서 이렇게 직접 성령을 의지하여 체험하지 않으면 하나님의 오묘한 능력을 알 수 없을 것이라고 생각합니다. 그러므로 교회든 회사든 할 수만 있다면 작은 단위로 조직을 쪼개어 그 가운데 구역을 정하고 그들을 지(구)역장으로 임명하면 조직은 훨씬 더 탄력을 갖고 단단해져 가며 성장하게 될 것입니다.

19

기본기가 말한다

저는 과거부터 오산리 기도원에 자주 들렀습니다. 기도중에 주시는 은혜를 사모하였기 때문입니다. 하루는 약속된 강사가 사정으로 나오지 못하는 일이 벌어졌습니다. 기도원측은 자주 참석했던 나에게 일일강사를 부탁했는데, 참석자들의 호응은 예상 외로 컸습니다. 나는 이때부터 부흥사라는 아주 특별한 이름을 달게 됐습니다. 만약 제가 은혜를 사모하고 부흥사가 되기를 사모하며 준비를 해 놓지 않았다면 제게 그런 일이 주어졌을까요? 그러므로 우리는 항상 기본기를 충실히 하기 위하여 평소에 실력을 키워 놓아야 합니다.

저는 요사이 꼭 목회를 일흔까지만 하고 은퇴해야 하는가 하는 생각이 듭니다. 건강이 허락되면 여든까지도 하고 싶은 것이 목회입니다.

사실 제가 가진 비전중의 하나가 부흥사였습니다. 그런데 사람들이 불러주지를 않는 것입니다. 불러줘야 실력을 발휘할 텐데, 부흥회를 하라고 불러주지 않으니 방법이 없었습니다.

그러한 가운데 기도 중에 생각해낸 방법이 우리교회에 부흥회를 인도하자는 것이었습니다. 그래서 먼저 현수막을 거창하게 만들어 안산 전체에 붙였습니다. '불의 종 능력의 사자'라고 써 붙인 뒤 우리교회에서 일주일간 부흥회를 했더니 정말 불의 종인줄 알고 여기저기서 불러주기 시작하는 것이었습니다.

다시 기도했습니다. "하나님 기왕이면 적어도 오산리 금식기도원에서 부흥회를 하게 해주세요." 그렇게 기도를 하는 가운데 어느 날 드디어 펑크 낸 다른 목사님 대신에 그 자리에 서게 된 것입니다.

여담이지만 여러분들도 부흥회를 초청받을 때 결코 한가한 것처럼 보이면 안 됩니다. 뜸을 들이면서, "스케줄을 보고요."라고 말해야 바쁜 목사님인줄 알고 초청하는 쪽에서 목을 매는 법입니다. 그렇게 가기 시작한 오산리 금식기도원 집회가 한두 번 열린 후에 사람들이 저를 눈여겨보기 시작했고, 2년 반 동안 60회 이상 부흥회를 인도하게 되면서 주목 받는 차세대 부흥사라고 사람들에게 인식되기 시작한 것입니다. 형통이 오기 시작할 때는 그것이 계속해서 오는 경향이 있습니다. 극동방송국에서도 초청이 온 것입니다. 그때도 여느 때처럼 "글쎄요. 잠깐만요, 스케줄을 한 번 봅시다." 하고는 이렇게 대답했습니다.

"네! 시간 한 번 내어보지요."

그렇게 시작된 방송설교가 어느새 기독교방송국에서 없어서는 안 될 사람으로 자리를 만들어 주신 것입니다. 그런데 문제는 비전만 있고 실력을 갖추지 못하면 결국 부르심을 입었을 때 제대로 응할 수 없다는 것입니다. 즉 기본기를 갖추어 놓아야 마운드에 설 기회가 왔을 때 홈런은 아니더라도 안타는 칠 수 있는 것입니다.

다른 목사님들을 보면 꿈은 크고 비전은 원대하지만 기회가 왔을 때 실력 발휘를 못하니 결국 다시 기회를 얻지 못해 꿈이 무너지는 경우를 많이 보게 됩니다.

목회자는 적어도 모든 부분에 기본은 해야 합니다. 지도력이나 은사나 가르치는 능력이나 설교하는 능력을 어느 정도는 가지고 있어야 다음을 기대할 수 있다는 생각을 갖고 아직 그렇게 많이 바쁘지 않을 때 철저히 자신을 준비해야 합니다.

교회의 기본기가 무엇이겠습니까? 성경을 통해 예수께

서 각성과 촌에서 가르치시며 하나님 나라를 선포하시며 고치셨다는 말씀 속에서 우리는 예수님의 3대 사역을 발견할 수 있습니다.

- Teaching - 각 성과 촌에서 가르치심
- Preching - 하나님 나라를 선포하심
- Healing - 각종 병에 들린 자를 고치심

그러므로 목회자나 중간 리더들은 이러한 예수님의 사역과 하나님의 계획에 따라 자신을 준비시키고 훈련을 받아 기본기를 갖추어야 합니다.

지난 120여 년간 한국교회는 성장만을 추구하여 교회의 본질적인 사명에는 충실하지 못한 것이 아닌가 하는 교회 내외의 질타를 들어왔습니다. 그때까지만 해도 그것이 귀에 들어오지 않았습니다. 하지만 이제는 그 질타가 우려로 나타나고 있습니다. 앞에서 언급했지만 우리 한국교회는 교인 수의 감소를 겸허하게 받아들여야 합니다. 이것은 한국교회의 이미지가 일반인들에게 어떤 모양으로든지 부정적으로 각인되었음을 보여주는 증거가 되기 때문입니다.

주지하다시피 우리는 종교개혁의 후예로서 은총으로만 구원 받는다는 것을 잘 알고 있지만 실천을 신앙과 분리한다든지 선교와 봉사를 분리한다든지 해서 실천을 약화시키는 신앙관을 가져서는 안 됩니다. 복음이 단순히 개인구원의 차원에서 머물지 않고 세상을 변혁시키는 주체가 될 때 교회는 질적으로 양적으로 성장할 수 있을 것입니다.

그러므로 그동안 한국교회의 공(功)이라고 할 수 있는 순수한 신앙운동의 토대 위에 사회봉사라는 성경적 가르침을 접목하여 신앙과 봉사의 두 균형을 이룰 때 한국교회는 오랜 침체기를 벗어나 새롭게 도약할 수 있는 계기가 될 것입니다.

사회봉사가 세상을 선교하는 교회에 있어서 어떤 중요한 위치를 가지고 있는지는 새롭게 말할 필요가 없다고 봄니다. 왜냐하면 사도행전 2장 42-47절의 전통적인 가르침에 비추어볼 때 선교와 구제가 분리된 적이 없고 전도와 사랑의 나눔이 구별되어 시행된 적이 없기 때문입니다.

오늘날 한국교회는 이러한 사회봉사를 요청받고 있습니다. 이를 위해 신학적 근거를 다시 한 번 공고히 해야 합니다. 교회의 정의와 교회의 사명을 살펴볼 때 더욱 그렇습니다.

'사회적 약자에 대한 베풂'에 대한 예수님은 가르침은 분명합니다. 하나님을 사랑하고 이웃을 사랑하는 것이 기독교 신앙의 핵심이요, 전부입니다. 하나님을 사랑하는 것이 신앙이요, 이웃을 섬기고 이웃과 모든 것을 나누는 것은 신앙의 삶입니다. 신앙과 삶이 분리될 수 없기에 이 둘은 불가분의 관계에 있는 것입니다.

그러나 중요한 것은 이 모든 일들이 성경적이요 매우 중요한 일들이라 할지라도 목사 혼자서 개인적으로 감당할 수는 없다는 것입니다. 이 일을 할 사람을 찾아내고 조직화하고 그리고 역량을 모아 시스템화 해야 합니다. 여기에 목회의 종합조정적 역할이 나오는 것입니다. 저희 상록수 명륜교회가 급성장할 수 있었던 배경에는 이처럼 하나님의 사역을 체계적으로 감당하는 팀들을 조직하고 체계화하며 그들과 함께 일을 한 결과라고 말씀드리고 싶습니다.

인간은 하나님의 형상으로 지음 받았기에 세상 안에 더불어 살아가는 모든 사람들은 그가 누구든 존중히 여김을 받아야합니다. 또한 하나님의 형상을 지닌 피조물의 왕으로서 인간다운 삶을 누리도록 하라는 교훈이 성경에 강하게 나타나고 있습니다.

"너는 이방 나그네를 압제하지 말며 그들을 학대하지 말라 너희도 애굽 땅에서 나그네이었었음이니라 너는 과부나 고아를 해롭게 하지 말라 네가 만일 그들을 해롭게 하므로 그들이 내게 부르짖으면 내가 반드시 그 부르짖음을

들을지라 나의 노가 맹렬하므로 내가 칼로 너희를 죽이리
니 너희 아내는 과부가 되고 너희 자녀는 고아가 되리라"
(출 22:21-24). 구약성경 전역에 나타나는 사회와 이웃에
대한 섬김의 교훈은 신약성경에서도 그대로 이어져 왔으
며 특히 예수 그리스도의 사역이 기록된 복음서에 나타나
고 있습니다.

구약 예언의 성취로 오신 예수께서는 "인자가 온 것은
섬김을 받으려 함이 아니라 도리어 섬기려 하고 자기 목숨
을 많은 사람의 대속물로 주려 함이니라"(마 20:28)는 말씀
처럼 예수께서는 3년 반에 걸쳐 이 땅에서 섬김의 사역을
하셨습니다.

예수께서는 생명의 떡인 말씀과 성령의 생수를 공급하
시는 분이시지만 육신의 떡이 필요한 자에게도 적극적인
관심을 갖고 굶주림을 해결해 주기도 하셨습니다(요 6:1-
13; 마 15:32-38). 특히 이 세상에 오셔서 모든 사람들의 종

이되어 저들을 섬기셨습니다. 특히 다른 이들에게 소외받
던 병자, 과부, 고아, 가난한 자들, 여자들을 섬기셨습니다.
"나는 의인을 부르러 온 것이 아니라, 죄인을 부르러 왔다"
(눅 5:31-32).

또한 사도들의 모습에서도 예수 그리스도의 말씀과 성
령에 의하여 소외된 자들에게 섬김의 모범과 교훈이 구체
적으로 실현되고 있음을 발견하게 됩니다.

베드로, 요한, 바울을 비롯하여 예수 그리스도를 좇았던
모든 제자들은 예수 그리스도의 삶을 재현하였습니다.

이것은 예수님의 공생애 3년 동안 제자들에게 보여주시
고 가르쳐 주신 결과였습니다. 예수 운동의 주제는 하나님
의 나라 실현에 있었습니다. 그것을 제자들에게 몸소 가르
치셨습니다. 이 생명의 운동은 예수가 요청한 쓴잔을 마실
수 있는 자를 통해서만 기적을 창조해 낼 수 있습니다. 만
약 상록수명륜교회가 가질 것 다 가지고, 하고 싶은 인간

의 욕망을 다 채우고 남은 여력으로 이 운동을 벌였다면 오늘날의 성장은 불가능했을 것입니다.

이 운동은 아이디어가 아니라 실천의 과제이며, 실천의 과제는 바로 희생과 버림의 정신이 없이는 이루어낼 수 없는 작업입니다.

결론적으로 말해 목회자 자신과 목회는 하나님이 부르셨다는 확신이 있어야 합니다. 나를 충성되이 여기시는 주님이 나를 불러 주님의 사역을 맡겨 주셨다는 강한 확신이 있으면 지금 당장은 어렵고 성장이 더딜지라도 분명히 하나님이 들어 쓰실 것임을 믿으시기 바랍니다.

20

하나님의 파워를 가져라

저는 교회를 개척하기만 하면 그 날로 왕창 부흥하리라고 생각하던 사람입니다. 하지만 천만의 말씀입니다. 한 달이 지나도 두 달이 지나도 예배드릴 사람이 없었습니다. 그런 가운데 교회를 돕겠다고 찾아왔던 사람들이 하나둘씩 교회를 떠나가는데, 떠나갈 때는 또 그냥 떠나지 않고 반드시 목사와 사모의 가슴에 대못을 박고 떠나갑니다. 사랑했던 것만큼 얼마나 그들이 미워지는지 모릅니다. 미워지기만 하면 괜찮은데 미운 만큼이나 또 얼마나 보고 싶어지는지 모릅니다. 기도하려고 하면 그들의 얼굴이 막 떠오르면서 기도가 안 됩니다.

개척 교회 목사들은 교회가 어느 정도 성장한 다음에 받는 상처와는 비길 수 없을 만큼 견디기 어려운 상처를 받습니다. 차라리 큰 못으로 한번 꽉 찔러 버리면, 그래서 교회가 두 쪽으로 꽉 갈라지는 것은 견딜 수 있겠는데, 시시콜콜한 문제로 목사의 가슴을 찔러대는 것에는 사람이 견딜 수가 없습니다. 하지만 그런 것들을 견딜 준비가 되어 있어야 합니다. 아니, 적어도 목사는 어차피 '상처 받은 치유자'라는 것을 인식하고 있어야 합니다.

제가 원래 설교를 잘한 것이 아닙니다. 하지만 로마서 3장을 읽다가 하나님의 복음의 능력이 제게 있다는 것을 깨달았습니다. 십자가의 권세가 얼마나 큽니까? 내가 복음을 설교할 때 성령의 역사가 가장 큰 것을 느꼈습니다. 반면에 사탄의 역사도 크다는 것을 깨달았습니다.

하루는 새벽에 자다가 큰 음성을 들었습니다. "이것이

로마에 전한 복음이다"라는 음성이었습니다. 이 말씀 한 절이면 세상을 깨울 것같이 감동이 왔습니다. 그래서 그날 저녁시간에 기독교 방송이 온다고 하기에 지역장들에게 다 모이라고 하였습니다. 제목도 얼마나 좋습니까? "이것이 로마에 전한 복음이다." 이 간단 명료한 말씀에 사람들의 변화가 일어나는 것을 여러번 경험했습니다.

문제는 이러한 복음의 메시지를 준비할 때 사탄의 방해하는 역사가 강하다는 것을 깨달은 것입니다. 갑자기 분주해지고 갑자기 일이 꼬이고 여러 가지 문제로 인해 방해의 역사가 감지됩니다.

이때 목사가 굴복하면 안됩니다. 이럴때 더욱 담대하게 그리고 더욱 강하게 영혼을 주님께 사로잡아 가겠다는 열정이 필요한 것입니다. 그러면서 악한 세력들이 물러가는 것을 느꼈습니다.

저희 교회는 금요철야 때 이적과 주님의 표적들이 많이

나타났습니다. 하나님의 의가 나타나고 치유와 권능의 역사가 나타났습니다. 가능하면 이러한 표적들이 주일날 일어나야 하는데 금요일에 일어나기에 요즘은 주일에도 기도와 권능을 구하는 말씀을 많이 전하고 있습니다. 왜냐하면 말씀에 능력이 있기 때문입니다. 우리교회의 자랑은 예수 처음 믿고 변화 받아 일꾼이 된 분이 많다는 사실입니다.

믿음은 들음에서 나며 말씀은 그리스도의 말씀이라고 했는데 주의 종이 이것을 잃어버리면 목회가 축복이 아니라 짐이 되고 고통이 되는 것입니다.

현대교회의 특징을 말하자면 하나님의 권능 없이 오직 사람의 지혜로 목회를 하려는 데 있다고 생각합니다. 『디지털 목회경영』이라는 책을 쓴 김재헌 목사는 이것을 10가지의 문제점으로 요약했습니다.

백성들을 이끌 책임을 가진 것이 목회자입니다. 그러므

로 목사는 무엇보다 광야에서 개인적으로 하나님과 만난 체험이 있어야 합니다. 스스로 아무것도 의지할 수 없는 광야로 나가서 하나님께로부터 혹독한 훈련을 받아야 한다는 뜻입니다.

"데오 프뉴스토스" 이것은 성경의 영감을 단적으로 증거하는 확실하고도 강력한 성경 자신의 공포입니다. 이것은 "하나님의 호흡하심으로"란 뜻으로, 디모데후서 3장 16절에서 "하나님의 감동으로 된 것"이라고 번역되어 있습니다. 이 말씀은 성경이 성령으로 기록되었다는 말씀과 같은 것입니다.

하나님께서 직접 원인자가 되셔서 이 말씀을 기록하도록 저자들에게 감동을 주었다는 뜻입니다. 다시 말해 그들이 사사로이 기록하거나 자기 생각을 기록한 것이 아니라는 뜻입니다. 우리는 더 확증적인 사실을 베드로 사도의 고백에서 찾을 수 있습니다. "예언은 언제든지 사람의 뜻으로 낸 것이 아니요 오직 성령의 감동하심을 입은 사람들이 하나님께 받아 말한 것임이니라"(벧후 1:21)고 말한 그것입니다.

그러므로 성경이 없으면 기독교도 존재할 수가 없는 것입니다. 물론 고등종교들은 각기 나름의 경전들이 있지만 그 종교의 추종자들이 그들 경전의 내용을 이해하거나 혼자서 읽고 연구하여 깨닫는 법은 없습니다. 어려운 원어로 기록되어서 일반인들은 오히려 접근하기 어렵도록 해 놓고 있습니다. 단지 일반인들은 그들의 종교의식에만 참여하도록 유도합니다. 그래서 그들의 의식 집행은 고도로 발전되었다고 할 수 있습니다. 그 결과는 엄청난 것이었으며, 결국 개신교의 탄생으로 로마 가톨릭은 정죄를 받고 말았던 것입니다.

중국이 공산화되면서 중국 내의 모든 교회들이 문을 닫았습니다. 서방세계의 교회들은 더 이상 공산권에서는 기독교인들이 없다고 단정했습니다. 그러나 죽의 장막이 거둬졌을 때 숨어 있는 지하교회의 실체가 드러났는데 그것은 우리의 상상을 초월한 것이었습니다. 교사와 목사들은 도망가거나 투옥, 사형당하여 목자 없는 양같이 내팽개쳐졌으나 입에서 입으로, 손으로 베껴 쓴 성경과 찬송가로 그들은 성경을 보았으며 예수님을 만났고, 그리고 구원의 도리와 함께 기도의 진리를 깨달았고 또 다른 사람들에게까지 말씀을 전하여 거듭나게 했던 것입니다.

성령님께서 친히 스승이 되시라는 말씀이 그대로 이루어졌던 것입니다. 오늘날 북한 땅에서도 숨어 있는 지하교회의 교인이 있다고 합니다. 그들은 여전히 필사성경으로 오늘도 예수를 만나며 성령체험을 하고 있을 것입니다. 말씀이 곧 우리에게 힘이요, 능력임을 우리는 인정하고 또 인정하는 것입니다.

지나온 시대, 특별히 칸트 이후 관념과 17세기의 계몽사상에 의해 근 300여 년간 성경은 난도질당하고 신학자들에 의해서 비평을 받아왔습니다. 그래서 축자영감을 이야기하고 성경무오설을 주장하는 자들은 모두 시대에 뒤떨어지고 덜 진보한 신학자 목회자쯤으로 여겨졌습니다. 그러나 실상은 그렇지 않습니다.

생각해 보십시오. 성경은 하나님의 말씀이므로 모든 성경이 다 하나님의 감동 즉 성령의 능력으로 기록되었다는 것은 부인할 수 없는 사실입니다. 그런데 성경의 내용의 영감 곧 개념은 영감 되고 문자는 영감 되지 않았다고 한다면 그것만큼 어불성설은 없는 것입니다. 왜냐하면 언어는 사상을 담는 그릇이기 때문입니다.

하나님의 계시란 인간이 자기의 지혜로 하나님을 알 수도 만날 수도 없기 때문에 인간의 언어로 하나님께서 말을 걸어오심으로 이루어진 사건입니다. 즉 하나님께서 인간의 그 시대적 상황 문화적 환경 속에 찾아오셔서 인간이 이해할 수 있는 언어로 자신을 나타내셨기 때문에 성경이 기록된 것입니다. 그리하여 언어가 문자가 되고 문자는 사상과 내용을 담아서 다음 세대에 전달되어 오늘 우리에게까지 이어졌습니다. 그렇기 때문에 겉으로 보기에는 상당한 거리감이 있는 것 같이 보이지만 그 시대의 사람들에겐 가장 알맞은 단어와 언어로서 기록되었습니다. 성경 저자들이 당대에 쓰던 일상 언어가 동원되었지만 성령께서는 그 시대뿐 아니라 다음 세대까지를 염두에 두시고, 하나님의 호흡에 의한 간섭 가운데 문자화되고 기록된 것입니다.

유대교에서 주장하는 것처럼 부호와 쉼표까지 영감되었다는 주장이 터무니없다고 할는지 모르지만 성경은 하나님의 말씀이며 동시에 하나님 자신의 계시며 예수 그리스도를 보내어 우리를 구원코자 하시는 큰 구원의 섭리이기 때문에 문자에까지 하나님의 간섭이 숨어 있다는 것은 부인할 수 없는 사실입니다. 우리 속담에 "아 다르고 어 다르다"는 말이 있습니다. 다시 말해 문자 하나하나 때문에 언어는 그 뜻이 달라집니다. 문자와 언어는 사상과 뜻을 담는 그릇이기 때문입니다.

요한복음 1장이 선포하는 것처럼 '말씀'이신 예수 그리스도께서 로고스이시기 때문에 우리는 사람의 말로 대화를 걸어오신 하나님과 그 약속대로 "말씀이 육신이 되어 우리 가운데 거하시고" 찾아오신 예수님을 믿는 것입니다.

유대교와 기독교가 어디에서 나누어지느냐 하면 '육신으로 오신' 예수 그리스도를 어떻게 믿느냐에 달려 있다고 할 수 있습니다. 그래서 4복음서의 기록이 그 분기점이 되는 것입니다.

66권 성경이 다 중요하고 '영감된' 하나님의 말씀이지만 예수 그리스도를 로고스요 육신을 입고 오신 구세주로 믿고 확인한 사도들의 증거인 4복음서가 성경 전권을 해석하는 중요한 책임 맡고 있음을 부인할 수 없습니다. 그래서 사도들의 증거와 기록을 바탕으로 66권 성경 전체를 이해하고 해석하는 것입니다. 이것이 '성경신학' 입니다.

성경신학에 따르면 4복음서 중에서도 특히 예수 그리스도께서 직접적으로 하셨던 말씀들, 즉 예수 그리스도의 직접적인 발언들이 중요한데, 네 사람의 사도들이 공통적으로 기록해 놓은 것이 그 증거가 됩니다. 예수님이 하셨던 말씀들을 일목요연하게 정리한다는 것은 불가능하지만 4복음서를 읽다보면 대략 다음과 같은 결론을 얻을 수 있습니다.

예수께서 공생애를 시작하실 때 가장 먼저 하셨던 말씀은 "천국이 가까웠다" 라고 하셨던 것입니다. 물론 마태와 누가는 천국과 하나님 나라라고 했습니다.

천국(The kingdom of Heaven)이라고 하든지(마 4:17, 5:3, 10,12,16, 48, 6:2, 9, 20) 하나님의 나라(The kingdom of God)라고 하든지 (눅 6:20, 8:1, 10, 9:2, 27, 10:9) 간에

그것은 모두 하나님의 나라라는 한가지의 뜻을 가지는 것은 자명합니다. 단지 사도 마태는 유대인 독자들을 위하여 그들에게 친숙한 개념을 썼고 누가는 로마적 사고방식에 가까운 '하나님의 나라'라는 단어를 썼을 뿐입니다.

유대인들은 하나님의 이름을 직접적으로 언급하지 않는 관습이 있기 때문에 천국이라고 썼을 것이고, 헬라인들은 나라란 어디까지나 '왕'의 것이므로 '왕의 나라'란 의미로 '하나님의 나라'라고 썼을 것입니다.

예수 그리스도께서 자신의 공생애와 더불어 하나님의 나라를 선포하신 것은 한마디로 말해 예수 그리스도께서 오신 것과 하시는 일에 "하나님 나라의 임함"과 관계가 있다는 것입니다. 즉 예수 그리스도께서 하나님 나라를 오게 하는 중요한 모티브가 된다는 것을 알리신 것입니다. 그래서 우리는 성경 66권이 하나님의 나라의 도래와 완성을 이야기하고 있다는 확실한 결론을 얻게 되는 것입니다.

성경의 모든 선진들이 영원한 나라를 사모하고 기다렸으며 "그 위가 영원할 것"을 바라보고 있었음을 깨닫게 되는 것입니다. 이것을 가장 확실하게 증거하는 성경이 히브리서 11장입니다.

"믿음으로 저가 외방에 있는 것같이 약속하신 땅에 우거하여 동일한 약속을 유업으로 함께 받은 이삭과 야곱으로 더불어 장막에 거하였으니 이는 하나님의 경영하시고 지으실 터가 있는 성을 바랐음이니라"(히 11:9-10).

"이같이 말하는 자들은 본향 찾는 것을 나타냄이라 저희가 나온 바 본향을 생각하였더면 돌아갈 기회가 있었으려니와 저희가 이제는 더 나은 본향을 사모하니 곧 하늘에 있는 것이라 그러므로 하나님이 저희 하나님이라 일컬음 받으심을 부끄러워 아니하시고 저희를 위하여 한 성을 예비하셨느니라"(히 11:14-16).

이처럼 성경은 이 세상의 유한함과 한계를 뛰어넘는, 영원하고 그 기초가 흔들리지 않는 더 나은 좋은 세상이 있음을 증거하고 있다는 것을 알 수 있습니다. 그래서 유대인들도 이러한 하나님 나라의 회복을 기다리며 바라고 있었던 것입니다. 그리고 그들은 성경의 약속을 따라 메시아를 기다리고 있었으니 메시아는 곧 이 땅에 하나님 나라를 가지고 올 하나님의 종이었기 때문입니다.

유대인들에게 있어 예수 그리스도의 선포가 파격적이었던 것은 예수님 자신께서 그 하나님의 나라를 가지고 오는 자라고 말씀하셨기 때문입니다. 갈릴리의 일개 미천한 자가 메시아라는 사실도 믿기 힘들었지만 더욱이 예수 그리스도의 행적 자체가 그들이 바라고 있는 그런 모습이 아니었기 때문입니다.

우리는 세례 요한의 언급에서도 살펴볼 수 있는 것처럼 그분은 "불과 칼로써 자기의 타작마당을 깨끗하게 할" 그런 능력 있는 분이어야 했기 때문입니다. 그러나 예수님이 끝까지 보여 주신 것은 순종과 포기와 온유 그리고 이 세상의 삶의 원칙과는 정반대되는 비폭력 무저항뿐이었습니다. 그래서 그들은 그들의 기대에 어긋나는 메시아를 '신성모독죄'를 씌워 처형했던 것입니다. 그런 예수님이 어떻게 이 세상에 하나님 나라를 가져오실까요? 이것을 깨닫는 것이 신학의 과제요 설교의 내용이며 곧 복음인 것입니다.

저는 이러한 하나님 나라의 복음을 선포하는 일에 부름 받은 것을 대단한 영광으로 생각합니다. 사단을 피해 다녔으나 이제는 복음을 들고 그를 대적하는 최전방에 서 있다는 것에 상당한 자부심을 느낍니다. 목회는 영적인 전투의 최전선에서 직접 사단과 싸우는 것입니다. 그러므로 목회자가 그 누구보다 영적으로 무장되고 준비되어야 교회를 성장시킬 수 있는 것입니다. 상록수명륜교회가 이만큼이나마 성장한 것은 하나님 나라의 확장에 동참하여 그만큼 쓰임을 받고 있다는 증거가 된다고 생각합니다.

21

비상(飛上)을 위한 결단

교회는 넘어야 할 장벽을 몇 가지 가지고 있습니다. 그중 하나가 숫자의 벽입니다. 개척교회의 일차 목표는 100명이라고 교회성장학들은 이구동성으로 말합니다. 저는 어릴 때부터 하도 배를 곯았기 때문에 먹는 것에 포원이 졌습니다. 그런데 우리교회에 아주 잘 섬기는 여집사님이 오셨는데 하여간 우리 집의 먹는 것을 다 책임져주시는 것이었습니다. 어찌나 잘 섬겨 주시는지 너무나 감사할 따름이었습니다.

그런데 시간이 지나면서 문제가 나타나기 시작했습니

다. 이분이 자기보다 더 목사와 가까이 지내는 사람을 보면 그렇게 질투를 하는 것입니다. 그때는 개척교회 시절이라 사람들이 귀할 때였는데, 사람들만 오면 쫓아 내고 쫓아 내고 하는 것입니다.

그래서 하는 수 없어 그 집사님을 불러 그동안 화가 난 것을 다 말하면서 풀어 버렸습니다. 그것마저도 참아야 했는데…. 이분이 그때부터 교회 안에서 제가 양의 탈을 뒤집어쓴 늑대라고 험담을 하고 다니는 게 아닙니까?

그때부터 저는 화를 내지 않으려고 최선을 다하고 있습니다. 그때의 일이 거울이 되어 지금도 결코 분을 내거나 혈기를 부리지 않습니다. 아무튼 그 일 때문에 교회가 한참 동안이나 부흥이 되지 않았습니다. 교회는 100명 미만일 때 가장 문제가 빈번히 발생합니다. 그 이유는 중력을 이기고 비상하여 하늘로 이륙해 올라가야 하는 비행기처럼 마지노선이 100명이 되기 때문입니다. 100명이 넘으면 순항하는 비행기처럼 300명이 될 때까지는 무난히 성장하는 것을 보았습니다.

병든 교회의 12가지 굴레라는 말이 있습니다. 이러한 굴레가 있으면 교회는 결코 하늘로 날아 오르지 못합니다.

첫째 굴레는 무지(blindness)입니다.

무지란 꼭 보아야 할 것을 보지 못하는 영적 소경의 상태를 말합니다. 하나님의 뜻을 모르고 자기의 생각에 간혀 있는 교회는 성장할 수 없습니다.

둘째 굴레는 불신앙(unbelief)입니다.

성령께서 오늘도 동일하게 역사하신다는 믿음을 가지지 못하고 자신의 이성과 재능에 의지하는 목회자는 그 불신앙 때문에 하나님의 강력한 역사를 가로막습니다.

셋째 굴레는 지도력의 부족(lack of leadership)입니다.

만사는 지도력에 달려 있습니다. 오늘날 많은 교회가 가진 최대 문제는 하나님의 인도를 받는 지도자가 부족하다는 것입니다. 성공의 절반 이상이 리더십에 달려 있습니다.

넷째 굴레는 수퍼스타 목회자(superstar pastor)입니다.

오늘날과 같은 오락과 대중매체의 시대에는 인기인의 쇼맨십이 사람들을 끄는 매력이 되고 있습니다. 교회에서도 이러한 전술을 여과없이 활용하려는 경향이 있는데 조심할 일입니다.

다섯째 굴레는 지나친 교리의 강조(focus on doctrine)입니다.

교리적으로는 바르고 엄격하지만 실상은 죽어가고 있는 교회가 많습니다. 건전한 교리는 매우 중요하지만 죽은 사람에게는 차가운 교리보다 뜨거운 복음의 생명력이 더 급합니다.

여섯째 굴레는 관습(ruts)입니다.

옛부터 전해 내려오는 교회의 많은 전통과 관습들 중에

서 영적으로 아무 유익이 없는 것이 얼마나 많은지 모릅니다. 유익이 없는 전통과 관습은 빨리 제거해야 합니다.

일곱째 굴레는 배타적 태도(exclusive attitude)입니다.

기존신자들에게 특권과 편의를 제공하고 새신자나 방문자에게는 불편함을 주는 교회는 성장하지 않습니다. 하나님의 사랑은 결코 배타적이지 않고 포용적입니다.

여덟째 굴레는 고립(isolation)입니다.

사회와 비신자들로부터 고립된 관계하에 있는 성도들이 많으면 교회가 성장하지 않습니다. 관계를 통한 전도보다 더 확실하고 효과적인 전도는 없기 때문입니다.

아홉째 굴레는 부정적 사고(impossibility thinking)입니다.

부정적 사고는 개인의 마음을 비뚤게 할 뿐만 아니라 교회도 자라지 못하게 합니다. 성장하는 교회의 목사와 교인들은 항상 긍정적이고 적극적인 믿음을 가집니다.

열 번째 굴레는 분주함(busyness)입니다.

항상 바쁘지만 교회는 전혀 성장하지 않는 목회자들이 많습니다. 문제는 급한 일에만 매달리고 정작 중요한 일에는 소홀히 하기 때문입니다.

열한 번째 굴레는 무목적성(aimlessness)입니다.

세부적인 계획을 세우고 목적을 분명히 하는 작업이 선행되어야 성공합니다. 목회도 무조건 충성하는 것이 아니라 목적을 이루기 위해 효과적인 충성을 해야 합니다.

마지막 열두 번째 굴레는 교만(pride)입니다.

교만보다 더 무서운 적은 없습니다. 반면에 주님을 의지하는 것보다 더 중요한 일은 없습니다. 목회란 주님의 도움이 아니고는 결코 할 수 없는 일입니다. 겸손해야 성장합니다.

목회는 성공하기가 쉽지만은 않습니다. 방해자가 많이 있기 때문입니다. 많은 땀과 인내를 필요로 합니다. 다른 사업도 비슷하겠지만 특히 목회는 개척 초기에 많은 에너지를 필요로 합니다. 그래서 힘이 드는 게 사실입니다. 그러나 상록수명륜교회의 성장을 지켜보면서 느끼는 것은 성장의 포인트가 어느 정도를 지나면 소요되는 에너지는 그리 많지 않다는 것입니다.

비행기를 예로 들어보겠습니다. 비행기는 활주로를 떠나 비상하여 일정 고도를 유지할 때까지 전체 연료의 80%를 소모한다고 합니다. 믿어지지 않지만 아는 분 중에 공군대령 출신이 계신데 이분에게 물어 보니 사실이라고 합니다. 하지만 이륙한 뒤 일단 일정한 고도에 진입하면 기류를 타게 되고 엔진을 꺼도 순항을 할 수 있을 정도라고 합니다.

목회에서 개척도 비행기의 비행과 같다고 할 수 있습니다. 처음 가입하여 지(구)역장이 되고 조장이 될 때까지는 앞 뒤 안 보고 능력을 받아야 합니다. 그 후에는 조직의 시스템화가 중요하며 리더십이 중요합니다. 목회자는 모든 지역장과 조장의 리더로서의 역할이 중요한데, 속 썩이는 지역장들이 많다면 정말 많은 노력이 요구됩니다.

그러므로 명심할 것은 개척 초기에 엄청난 에너지가 일시에 요구되므로 목회자는 아골 골짝으로 들어간다는 심정으로 각오를 단단히 하여야 한다는 점입니다. 일시 어렵다고 포기하거나 의기소침해서는 안 됩니다. 100명 미만 개척교회에서는 1년간 버티면 성공할 수 있다고 봅니다. 정도의 차이는 있지만 대개 1년간 열심히 하면 30-50명 사이에 도달하게 되는데 이때 요한증후군이 나타나기 시작합니다. 이것을 극복하는 것이 제2기입니다.

'증후군'(Syndrome, 신드롬)이라는 의학용어가 있습니다. 공통성이 있는 일련의 병적인 현상들을 함께 총괄적으로 나타내는 말입니다. 임상적으로는 과민성 대장 증후군, 심리적으로는 어른 아이 같은 남성들이 나타내는 피터팬 신드롬, 인터넷을 하지 않으면 불안해지는 인터넷 신드롬,

모든 일을 완벽하게 하려다 지쳐 버리는 슈퍼 우먼 신드롬, 모든 일을 완벽하게 해야 한다고 생각하는 남자의 경우는 슈퍼맨 신드롬 등이 있습니다. 그 중에서 남에게 피해를 입힐 수 있는 증후군도 있습니다. 이름 하여 '모성 거부 증후군' 이라는 것입니다. 어머니가 아이를 보살펴 주려는 마음이 일어나지 않는 것을 말합니다. 어머니와 아이가 함께 있을 때 아이를 학대하기도 하고 우울증에 빠지기도 합니다. 갓난아이를 밤중에 깨우기도 하고, 돌도 지나지 않은 아이에게 대소변을 가리라고 윽박지르고 남편과 심하게 다투기도 합니다. 모성애 부족현상으로 나타나는 것입니다. 출산한 후 우울증에서 비롯될 수도 있고 남편에게 학대를 받아 생길 수도 있는 증후군입니다. 이런 어머니는 자녀를 키우는 과정에서 감정을 억제하지 못하고 자제력을 잃는 경우가 많습니다. 따라서 어머니의 감정 조절 능력, 특히 분노를 통제하는 능력이 문제가 될 수 있습니다.

이 신드롬이라는 용어는 최근에는 의학용어를 넘어서서 신문, 방송 등에서 흔히 사용될 정도로 하나의 유행어가 되었습니다. 신드롬, 신드롬이라 하여 무엇이든 다 신드롬이라 부르고 싶어하는 증후군이 생겨날 정도로 신드롬이란 용어가 널리 쓰이고 있습니다.

대중매체의 영향력이 커지면서 특정 인물을 우상시하고 모방하는 문화 현상이 만연해 있는데 이러한 병적 현상을 신드롬이라 부르기도 합니다.

이것을 교회의 병리적 현상에 초점을 맞추어 정리한 분이 있는데 바로 피터 와그너 박사입니다. 그분의 정의에 따르면 교회는 두 가지 종류 밖에 없다고 합니다. 살아 있든지 죽어 있든지, 혹은 건강하든지 병들어 있든지 둘 중의 하나라는 것입니다. 우리의 교회에 질병이 있다면 빨리 파악하여 치료해야 합니다. 먼저 교회병리학에서 흔히 거론되는 9가지 교회질병을 진단해 보아야 합니다.

인구 감소증

두 가지가 있는데 첫째는 '지역사회 변천쇠퇴증'으로서 지역사회가 침체되고 인구가 감소하여 성도수가 급격히 줄어드는 질병이다. 둘째는 '사회층별 거부증'으로서 다른 종족의 유입으로 인해 생기는 감소증세이다.

고령화증

오래된 교회일수록 많이 나타나는 병으로, 새로운 성도의 유입이 없어지면서 교회가 죽어가는 질병이다. 50대 이상의 노년층이 많고 젊은 층이 거의 없다. 교인분포도가 피라미드형이 아닌 역삼각형이다. 우리나라 농어촌교회와 역사가 오래되고 전통이 강한 교회들 중에서 이 병에 걸린 교회가 많다.

상호 오해증

문화적 배경과 생활적 수준의 차이를 인정하지 않는 데서 생기는 병이다. 서로의 차이를 인정하지 않음으로써 갈등이 증폭된다. 기신자가 새신자에게 텃세를 부리는 "공로자 주권증"으로도 나타난다.

친교 과잉증

코이노니아가 지나쳐서 생기는 병으로, 성도들의 관심이 타인이나 외부가 아닌 자신과 내부에만 쏠리는 현상이다. 모든 활동이 불신자와 새신자보다는 기신자들에게 초점을 맞춘다. 아기를 낳는 영혼구원보다, 아기를 키우는 현상유지에 더 관심을 가진다.

열정 감퇴증

요한계시록의 에베소 교회가 첫사랑을 잃어버린 것과

같은 증세로서 "요한 증후군"이라고도 한다. 오래되거나 부흥의 때가 지나버린 교회가 형식적인 신앙만 남고 실제적인 능력이 결여되어 있는 상태이다.

시설 협착증

늘어나는 성도를 수용하지 못하는 질병으로 일종의 동맥경화증이다. 예배당이나 교육관이 부족하고 주차장이 없어서 왔던 성도들이 돌아간다. 예배당 수용 인원의 80%가 찼는데도 대책을 세우지 않으면 걸리게 되는 질병이다.

지도력 긴장증

목회자가 자신의 역량 이상을 무리하게 추구하거나 리더십을 효과적으로 발휘하지 못해서 교회가 침체되는 질병이다. 목회자가 모든 것을 혼자서 하려고 하거나 매우 권위주의적인 것이 특징이다. 평신도들을 과감하게 활용하는 대안이 필요하다.

영적 발전 제한증

교회가 교인들의 영적 욕구를 채워주지 못하는 질병이다. 성령의 역사와 은사들이 제 기능을 발휘하지 못하고 성령의 은사를 받은 사람들을 등한시한다. 예배가 지루하고 설교가 답답하며 기도가 거의 없는 것이 특징이다.

협동 과잉증

교단이나 타 기관과의 지나친 협력 혹은 비대화된 연계로 인해 개교회의 성장과 선교에 비능률이 나타나는 현상입니다. 목회자가 교회성장에 전념하는 대신 교계의 자리나 명예에 연연하여 생기는 일종의 정치병이다.

이러한 성장과정의 병리적 현상을 목회자는 알고 있어야 합니다. 마치 갓난아기를 키우는 어머니가 아이의 성장과정 속에 있을 필연적인 질병들을 미리 알고 이에 대처하기 위하여 미리 예방주사를 맞히듯이 미리 대비하여 성장을 방해하는 세력들을 놓고 기도함으로 막아야 합니다. 아울러 시스템적으로도 준비를 해서 미리 대처할 때 교회는 큰 문제없이 비상할 것입니다.

22

300명, 고린도교회 증후군을 넘어서라

또 한 가지 생각해볼 것이 '고린도 교회 증후군' 입니다. 저의 경험에 의하면 교인의 숫자가 300명이 넘어가면 고린도교회 증후군이 나타납니다. 교회가 대형교회로 성장하느냐 아니면 다시 개척교회로 전락하느냐는 문제가 이때 발생하는 것입니다.

고린도는 그리스의 남부 해안 이오니아 해와 그 아름답다는 에게 해를 연결하는 해협에 위치한 고대 도시입니다. 아름답기로 소문이 나서 '헬라스의 별' 이라고도 불리던 도시입니다. 또한 학문이 발달된 철학의 도시이고, 그러다

보니 지성인들이 많았습니다. 뿐만 아니라 사람들의 왕래가 잦은 곳이니 동서 문화가 혼합되어 있는 곳이기도 했고, 그리스 신화에 나오는 미의 여신 아프로디테를 섬기는 도시로 여자 무당만 1,000명이 있었다고 합니다. 이런 여러 가지 이유로 인해서 고대 사회에서는 고린도인이라 함은 음탕한 풍습에 젖어 있는 사람의 대명사가 되어 버렸습니다.

사도행전 18장 1절에서부터 8절의 말씀을 보면 고린도교회 설립 과정이 비교적 상세하게 기록되어 있습니다. 두 번째 선교 여행을 하는 중 아덴에서 떠난 바울 일행이 고린도에서 브리스길라와 아굴라 부부를 만나면서 새로운 선교의 장이 열리게 됩니다. 그들 부부는 A.D. 40년 글라우디오 황제가 유대인 사이에 크레스투스 때문에 생긴 분쟁으로 유대인을 로마에서 추방하라는 칙령이 발령됨으로 쫓겨난 사람들이었습니다. 크레스투스는 '크리스투스'

(Christus, 그리스도)를 잘못 알아 발음한 결과로 추정되는 말인데 아마 로마에서 예수를 그리스도로 고백하는 유대인들과 그렇지 않은 일반 유대인들 사이에 갈등이 격화되었고, 이것이 질서유지에 위협이 된다고 판단한 로마 당국이 유대인들 전체를 로마에서 추방한 것입니다. 이렇게 추방된 브리스길라와 아굴라와 함께 가정에서 예배를 드리면서 고린도 교회가 시작되었습니다.

고린도전서 1장 26절의 "형제들아 너희를 부르심을 보라 육체를 따라 지혜 있는 자가 많지 아니하며 능한 자가 많지 아니하며 문벌 좋은 자가 많지 아니하도다"라고 하는 말씀을 보면 교인 전체의 수가 상당히 많은 것으로 생각되는 교회입니다.

그런데 병리현상이 나타나기 시작한 것입니다. 그 구체적인 모습은, 바울이 예수님 사역 당시 사도가 아니기 때문에 진짜 사도가 아니라는 것과 각기 자기가 좋아하는 지도자를 따라 패를 나눈 것입니다. 한마디로 믿음이 자라고 지식이 자라고 은혜를 받기 시작하더니 바울과 바울이 가르친 것을 배척한 것입니다.

"바울이 설교하는 것은 들을 것이 없다", "저런 말씀은 나도 다 아는 말씀이다", "사도가 되어서 저렇게밖에 말을 못하는가?" 하는 식의 말들을 하기 시작한 것입니다. 또 "바울은 우리보다 능력이 없다. 우리는 방언의 은사도 받았고, 예언의 은사도 받았다. 바울이 받은 은사가 무엇이냐?" 이런 식이었습니다.

사람에게 버림을 받는다는 것처럼 슬픈 것이 어디 있을까요? 다른 교회도 아니고 자기가 개척하고 키운 신자들로부터 버림을 받는다고 생각하니까 마음이 무척 괴로웠을 것입니다. 고린도전서 2장 1-3절을 보면 그의 괴로운 심정이 잘 나타나 있습니다.

"형제들아 내가 너희에게 나아가 하나님의 증거를 전할

때에 말과 지혜의 아름다운 것으로 아니하였나니 내가 너희 중에서 예수 그리스도와 그의 십자가에 못 박히신 것 외에는 아무 것도 알지 아니하기로 작정하였음이라 내가 너희 가운데 거할 때에 약하며 두려워하며 심히 떨었노라."

신학자들이 이 구절을 바울이 고린도에 오기 전 아덴에서 전도의 실패에 대한 고독감에서 나온 말이라고 하나, 사실 고린도 교인들의 반응에 가슴 아파하며 말한 내용입니다. 사도 바울은 다른 사도보다 부족한 것이 없는 사람입니다. 그런데도 고린도 교인들은 바울을 무시하고 바울의 설교를 들을 것이 없다고 하는 것이었습니다. 학자들이 기독교의 터를 잡은 사람은 바울이라고 이야기할 정도로 바울의 신학적인 사상은 지금도 따라갈 수 없을 정도입니다. 최고의 목회자가 누구입니까? 바울 사도 아닌가요? 최고의 설교자가 누구입니까? 역시 바울 사도였습니다.

이 이야기를 바울 자신도 합니다. 고린도전서 4장 15절에서 "그리스도 안에서 일만 스승이 있으되 아비는 많지 아니하니 그리스도 예수 안에서 복음으로써 내가 너희를 낳았음이라"고 말합니다.

만약 누군가가 저에게 "이 목사 설교는 은혜가 없어"라고 했다면 그것은 제가 부족해서 그런 경우입니다. 그러나 상대는 바울 사도입니다. 바울의 설교가 은혜가 없다고 하면, 바울이 사도가 아니라고 한다면 사도 바울을 배척하는 것입니다. 그리고는 이단 사상에 젖어 들어 그것은 검증도 없이 아멘, 아멘 하며 받아들이는 것입니다. 그것을 지적하는 말씀들이 있습니다.

돈이 많고 은사를 많이 받았다는 고린도 교인들은 바울을 배척하고 다른 예수, 다른 영, 다른 복음을 좇아가서 완전히 그들에게서 사로잡혀 "종을 삼는다고 해도 좋습니다. 잡아먹는다고 해도 좋습니다. 사로잡아서 포로로 만든다고 해도 좋습니다. 뺨을 때려도 은혜가 됩니다. 욕을 해도 감사합니다."라고 말합니다. 이것이 바로 고린도 증후군입니다. 잘못된 것을 좇아가면서 잘못된 줄도 모르고, 잘못된 것이 하라는 대로 아무 비판 없이 하다가도 제대로 된 것을 이유 없이 트집 잡고 멱살잡이 하며 여러 사람을 낭패스럽게 만드는 것이 바로 고린도 증후군입니다.

그런데 바울 사도만 그런 것이 아니었다고 합니다. 사도 요한도 그랬다는 것입니다. 구전으로 내려오는 이야기에 의하면 요한 사도는 100세 이상 사시면서 장수를 누렸다고 합니다. 연로하셔서 제자들이 요한을 의자에 앉아서 설교를 하게 했는데 설교 말씀이 늘 똑같았다고 합니다. 그래서 제자들이 왜 늘 같은 설교만 하시냐고 물으니까 요한 사도는 "성경 내용이 다 사랑을 이야기하는 것이고, 사랑의 설교를 해도 너희는 사랑의 설교를 들을 때뿐이지 사랑을 실천하지 않으니 나는 너희들이 사랑의 실천을 할 때까지 사랑의 설교만 할 것이다."라고 하셨답니다.

전도한 사람이 주일 저녁예배에 빠지는데 전도되어 온 사람이 저녁예배에 나오는 것을 봤습니까? 본 대로 하게 마련입니다. 우리 교회 집사님 가운데 껌을 잘 씹는 분이 계십니다. 껌을 짝짝 씹다가 예배당에 오면 퉤 뱉고 들어가시는데, 전도해서 데려온 사람을 보니 어쩌면 그렇게 똑같은지, 그분도 껌을 씹으면서 와서는 퉤 뱉고 들어갑니다. 아주 그대로입니다. 교인들은 양입니다. 보여주는 대로, 가르치는 대로 합니다.

제가 교회를 개척해서 300여 명이 넘어갈 때 우리 교회에도 고린도 증후군이 많이 나타났습니다. 자기 교회 목사님의 설교는 유의해서 듣지도 않고, 이단교주인데도 목사라고 하는 이들의 설교를 듣고 와서는 "교회에서는 듣도 못한 소리를 그곳에서 들었다"며 굉장한 것이라도 발견한 양 이야기하였습니다. 평소에 설교 시간에는 늘 꾸벅꾸벅 졸다가 뭐 신기한 것을 발견한 양 떠들어 댑니다. 찬송시간에 은혜 받은 것처럼 열심히 찬송하다가 설교 시간에는 꾸벅꾸벅 좁니다. 열심히 성경공부는 하는데 예배시간에는 늦습니다. 설교시간에는 딴 생각만 합니다. 기도생활 열심히 한다고 하면서도 교회에 대해 부정적입니다. 학생들을 잘 가르치기는 하는데 예배시간에는 딴청을 부립니다. 병 고치는 은사, 예언의 은사, 방언의 은사 다 좋습니다. 그러나 예배시간에 조는 것 하나만으로도 그 은사를 다 소용없게 만드는 것입니다. 차라리 그 은사를 받지 않는 것이 낫습니다.

그러면 고린도 증후군에서 벗어나려면 어떻게 해야 할까요? 해답은 간단합니다. 목회자가 겸손하면 됩니다. 그러면 성도들이 겸손해집니다. 작은 목표에 만족하고 안주하면 반드시 교만해집니다. 보다 더 큰 원대한 꿈을 갖고 비전을 더 높이 제시할 때 목사나 교인들은 한없이 겸손해집니다.

왜냐하면 아직도 가야 할 정상(頂上)이 남았기 때문입니다. 300명이 넘으면 1,000명 교회를 목표로 삼고 날마다 매진해야 합니다. 1,000명이 넘으면 5,000명 교회를 비전으로 제시하며 한없이 기도해야 합니다.

저는 지금 1만 명 교회를 넘어 10만 명 교회로 만들어 달라고 기도하며 지금부터 10만 명 모이는 교회의 목사처럼 생각하며 항상 혈기를 숨기고 겸손하게 행합니다. 겸손이 고린도 중후군에서 벗어나는 길입니다.

우리 주님은 "나는 마음이 온유하고 겸손하니 나의 멍에를 메고 내게 배우라"고 말씀하셨습니다. 앤드루 머레이는 "속죄의 비결은 겸손이다"라고 하였습니다. 겸손으로 종의 형상을 입으시고 섬기는 종으로 사신 예수님은 십자가에 죽기까지 겸손하셨습니다. 주님을 보면서 우리가 받아야 할 은혜는 "겸손한 삶이 예수님의 일생이다"라는 것입

니다. 성도는 예수님의 삶을 본받아 겸손한 삶을 살아야
합니다. 구속의 비밀이 겸손입니다.

23
목회자가 시급히 해결해야할 질병

스티븐 코비의 글 가운데 이런 얘기가 있습니다.

잠수함이 바닷속을 지나가고 있는데 전면에 움직이지 않는 불빛이 나타납니다. "비켜라, 너희들이 20도만 비키면 우리가 지나가겠다."

상대에게서 응답이 옵니다.

"너희들이 20도만 비켜라."

이쪽에서 다시 말을 합니다.

"우리는 잠수함이다. 너희가 비키지 않으면 박살난다."

그러자 저쪽에서 오는 대답이 이렇습니다.

"우리는 등대다!"

우리는 잠수함입니다. 등대 패러다임을 발견해야 합니다. 이제는 잠수함 패러다임에서 등대 패러다임으로 바꾸어야 합니다. 등대처럼 파괴할 수 없는 원리와 본질이 있다는 말입니다.

대개 성공하지 못하는 사람들은 집중력이 없는 사람들입니다. 주님께서 친히 하신 말씀 가운데 이런 말씀이 있습니다. "네 보물 있는 그 곳에는 네 마음도 있느니라"(마 6:21).

목회도 집중력을 가지고 해야 합니다. 나의 생애와 시간과 관심과 물질과 정력과 신학을 한 곳에 쏟을 수 있는 집중력을 가져야 합니다.

선지자는 백성을 훈련하고 교육하는 일을 합니다. 교회는 찾아온 모든 교인들에게 훈련의 프로그램을 제공해야 합니다. 교육 기회를 제공하는 것입니다. 교인들이 '양' 이라는 데서 목회가 출발합니다. 양은 보여 주는 대로 그대로 따라합니다. 제일 앞장서는 양이 앞에 돌을 보고 펄쩍 뛰어 넘으면 목자가 돌을 치워 줘도 뒤에 따라오는 양들도 똑같이 펄쩍 뛰어 넘습니다.

교회성장을 방해하는 숨어 있는 또 다른 적은 목회자 자신입니다. 상록수명륜교회를 개척하면서 얻은 가장 큰 깨달음은 목회자의 분노 처리문제입니다.

저는 목회자가 한 번 화낼 때마다 성도들 10명이 교회를 떠난다는 것을 경험으로 알게 되었습니다. 10명을 전도해서 교회를 채우려면 얼마나 힘듭니까? 성도들의 잘못이나, 죄를 보면 꾹 참고 있다가 어느 시점이 되면 폭발하는 경우가 많은데, 충고나 화를 받아들이는 양은 한 마리도 없다는 사실을 알아야 합니다.

양들이 목회자의 혈기를 보고 마음이 상해 교회를 나갈 때에 절대 혼자 나가는 법이 없습니다. 왜냐하면 자신의 잘못을 숨기고 정당화하기 위하여 목회자의 약점과 잘못을 침소봉대하기 때문입니다. 그러므로 목회자가 성장을 향해 기도하고 있다면 절대 분노를 나타내어는 안 됩니다. 기도로 하나님께 모든 것을 맡김으로 인내해야 합니다.

두 번째 목회자의 질병은 목회자 분주병(hurried pastor syndrome)입니다. 이것은 교회성장의 최대의 적입니다. 분주하게 살수록 시간을 절약할 수 있다는 생각은 망상입니다. 만약 한 시간이 더 주어진다면 무엇에 쓰겠느냐는 질문에 가장 많이 나온 답변은 잠을 더 자고 싶다는 것이었습니다. 무엇을 의미하는 것일까요?

분주병이란 "더 많은 성취를 위하여 가급적 짧은 시간에 많은 일을 하려는 끊임없는 노력과 시도"입니다. 여기서 분주함은 바쁨과 구별됩니다. 바쁘다는 것 자체는 질병이 아닙니다. 시간에 쫓기는 것이 문제입니다. 주님이 분주한 제자들에게 내린 처방은 단순합니다.

"너희는 한적한 곳에 와서 잠간 쉬어라" (막 6:31).

목회자 분주병에 걸리면 다섯 가지 증세가 나타납니다.

1. 모든 것을 빨리 해치우려는 조급증세

2. 동시에 여러 가지를 해치우려는 다발증세

3. 뭔지 모르게 복잡하고 혼란스러운 피곤증세

4. 모든 것을 다 잘 해야겠다는 완벽증세

5. 지나치게 헌신하려는 과도증세

분주병이 가져오는 부정적 결과에는 일곱 가지가 있습니다.

1. 성도들을 사랑하지 못하게 된다.

2. 가정생활에 문제가 따른다.

3. 피상적인 삶을 살게 된다.

4. 기쁨을 상실한다.

5. 기도생활이 소홀해진다.

6. 영혼의 피로에 시달린다.

7. 다른 사람도 분주하게 만든다

분주병의 처방과 치료에는 네 가지 단계가 필요합니다.

첫째, 자신의 시간에 대해 책임을 지라는 것입니다. 목회자의 시간은 목회자 자신이 통제할 뿐입니다. 어느 누구도 통제할 수 없으며 또 책임질 수 없습니다. 목회자는 시간관리의 노하우를 배워야 합니다. 사명과 목적과 목표에 대해서 분명하게 알고 있어야 합니다. 시간관리는 짧은 시간에 많은 것을 하는 것이 아니라, 중요한 것을 먼저 하는 우선순위를 지키는 것입니다.

둘째, 자신이 왜 분주병에 걸렸는지 진단하십시오. 미래와 자신의 가치에 대해서 두렵기 때문에 분주할 수 있습니다. 바쁘게 살지 않으면 중요한 사람이 아니라는 오해 때문일 수 있습니다. 다른 사람들의 요구에 모두 응해 주지 않으면 죄를 짓는 것이 된다는 잘못된 죄책감 때문일 수 있습니다. 그러나 우리가 분주병에 걸리는 것은 실제로 우리를 주목하시는 하나님의 돌보심을 철저하게 믿지 않기 때문인 경우가 많습니다.

셋째, 분주함에 대한 관점을 재조정하십시오. 분주함에 대해 잘못된 관점이 세 가지 있습니다. 첫째는 "분주해야 성공한다"는 관점입니다. 인생의 성공은 분주함과 무관합니다. 둘째는 "분주할 수밖에 없는 게 나 자신이다"는 생각입니다. 분주함은 얼마든지 퇴치할 수 있습니다. 셋째는 "문제가 해결될 때까지는 분주해야 한다"는 것입니다. 문제는 죽을 때까지 존재합니다. 문제와 함께 행복하게 사는 법을 배우십시오.

넷째, 매일의 스케줄을 혁신하십시오. 우리의 스케줄은 예수님의 생활양식으로 바뀌어야 합니다. 예수님은 사역과 휴식의 리듬을 잘 타셨습니다. 군중과 함께하셨지만 동시에 고독한 시간도 가지셨습니다. 기도시간과 수면시간에 과감하게 투자하십시오. 주중에 하루는 온전한 안식일로 삼으십시오. 하나님만 홀로 만나는 시간이 안식의 시간입니다. 목사는 슈퍼맨이 아니고 메시아도 아닙니다. 초능력자처럼 살려고 하는 것은 죄인이 되려고 하는 것입니다. 분주병에 걸린 사람은 마치 다리가 짧은 사냥개와 같아서 열심히 뛰기는 하지만 사냥에 실패할 것입니다. 목회자가 진정 원한다면 분주병에서 반드시 해방될 수 있을 것입니다.

그러면 어떻게 해야 이러한 목회자의 질병을 근원적으로 해결할 수 있을까요? 명성훈 목사님이 이에 대한 해답을 제시하고 있어 소개해봅니다.

교회가 성장하려면 교회성장형 목사, 교회성장형 성도, 교회의 분명한 목적, 그리고 교회의 건강도라는 네 가지

요소가 있어야 한다. 장년출석이 적어도 300명 이상 되려면 이상의 네 가지 요소와 함께 성장형 전략이 있어야 한다는 것이다. 분노나 혈기 대신 오직 사랑과 희락과 화평으로 목회를 해야 이것을 막을 법이 없는 것이다. 끝까지 참는 가운데 다음의 사항을 명심하기 바란다.

거룩한 동기를 가져라

교회성장의 동기는 하나님의 명령에 대한 순종과 영혼에 대한 사랑이어야 한다. 하나님에 대한 진실과 인간에 대한 사랑이 있는 목회자가 되라. 불신자를 전도해서 300명 이상 출석하게 하라.

끈질긴 기도를 드리라

기도하면 하나님이 교회를 성장시키신다. 수사학적 기도가 아니라 목숨을 걸고 사생결단으로 드리는 기도를 하라. 기도하고 순종하라. 교회성장을 위해 기도하라. 기도

하면 성장한다.

절대 믿음으로 나아가라

하나님은 사람을 쓰시는 것이 아니라 믿음을 쓰신다. 믿음의 은사와 리더십의 은사가 있는 목회자가 있으면 교회는 반드시 성장한다. 무엇보다 믿음의 사람이 되라. 믿음의 책을 읽고, 믿음의 설교를 하고, 믿음의 강의를 듣고, 믿음의 사람을 만나고 믿음으로 기도하라.

명확한 목표를 세우라

목표란 믿음의 선언이다. 목표는 선택과 집중을 가능하게 한다. 사람이 목표를 정하면 목표가 사람을 정한다. 목표는 세우는 것보다 실행하는 것이 중요하다. 3년 안에 300명 출석성도의 목표를 세우라.

실행계획을 세우라

목표를 어떻게 이룰 것인가는 계획이 결정한다. 실행계획이 없는 목표는 무용지물이다. 계획하지 않는 것은 실패를 계획하는 것이다. 사람은 계획하고 하나님은 그 계획을 이루신다.

중요한 소수에 집중하라

모든 것을 다 할 수 없다. 내가 가장 잘 할 수 있는 것에 집중하라. 가장 중요한 것들, 예를 들어 예배, 전도, 조직, 훈련 등에 전심전력하라. 모든 사람을 다 만족시키려고 하지 말라. 가장 중요한 사람에 가장 많이 투자하라.

신바람 나는 분위기를 만들라

신바람은 성령 충만이다. 분위기가 좋아야 성장한다. 목회는 분위기이다. 성령께서 역사하는 분위기만 되면 저절로 성장할 것이다. 예배와 모임이 축제가 되게 하라. 무엇인가 일어날 것 같은 기대를 가지게 하라.

성장형 행사를 개최하라

행사 자체는 의미가 없지만 성장을 위한 행사는 절대적으로 필요하다. 특히 전체 성도가 참여하는 이벤트를 개최하라. 특별집회는 잘 하면 큰 효과를 얻을 수 있다. 공격적인 목회를 시도하라. 전도의 접촉점이 되는 가교행사(bridge event)가 되게 하라.

목회적 기능을 적절히 분배하라

목회도 일종의 거룩한 기술이요 기능이다. 전도기능, 설교기능, 그리고 관리기능에 뛰어나야 한다. 밖으로 뻗어나가고, 위로 띄워주고, 안으로 다지는 목회를 하라. 지도자란 자기가 직접 일하는 자가 아니다. 다른 사람이 일할 수 있도록 분배하고 위임하고 평가하는 자이다.

변화를 주도하라

목회자는 '변혁의 대리인'(change agent)이다. 성장은 변화를 전제로 한다. 변화없이는 성장도 없다. 모든 것이 목적의 종이 되게 하라. 목적을 섬기지 않는 어떠한 조직과 프로그램과 사역도 즉시 바꾸라.

24
목적이 분명한 목회가 성공한다

한 선교사가 신학교에 와서 설교를 하게 되었습니다. 아프리카에서 복음을 전하는 담대하기로 소문난 선교사님이었습니다. 잔뜩 기대를 했던 신학생들은 실망하기 시작했습니다. 그렇게 훌륭한 선교사요 설교자로 알려진 그분이 우왕좌왕 횡설수설하였던 것입니다. 설교를 마친 선교사님이 강단에서 내려오고 예배가 끝나자 여기저기서 비판하는 소리가 들려왔습니다. "우리가 그렇게 기대했던 선교사님의 모습이 저 모양이란 말인가? 강단에서 설교 한 편을 제대로 하지 못할 만큼 그렇게 형편없는 분이란 말인가?"

선교사가 조용히 예배실을 나가자 사회를 보던 목사님 이 강단에 올라 이렇게 말합니다.

"선교사님께서 강단에 올라오시기 직전에 선교지에서 걸려온 전화를 받으셨는데, 아프리카에 남겨두고 왔던 사모님과 어린 두 아들이 원주민의 피습을 받아서 모두 목숨을 잃었다는 믿지 못할 소식이었습니다. 우리는 설교를 하지 않아도 된다고 선교사님께 몇 번이고 말씀드렸지만 선교사님은 여러분에게 약속한 시간이기 때문에 말씀을 증거해야 한다고 하셨습니다. 자신의 슬픔을 표현하지 아니하고 우리에게 소중한 말씀을 전해주신 선교사님께 감사를 드립시다." 순간 강당에 일제히 침묵이 흐르면서 선교사님을 바라보는 학생들의 시선에 변화가 일었습니다. 비판의 눈에서 존경의 눈으로 바뀌기 시작했습니다.

이것을 패러다임의 전환이라고 합니다. 내가 가지고 있

던 잘못된 개념을 가지고 함부로 비판, 비난하는 사이에 우리 자신들이 얼마나 잘못된 길을 가고 있었는가를 깨달아야 합니다. 이제는 나 중심에서 하나님 중심으로, 변두리 중심에서 본질 중심으로, 그리고 교회 건강 패러다임으로 옮겨가야 합니다.

저는 좋은 설교자가 되겠다는 분명한 목표를 세웠습니다. 그래서 어디에 있든지 연습하기를 게을리 하지 않았습니다. 차를 타고 가면 차 안에서, 산에 가면 산에서 설교를 연습했습니다. 누가 듣든지 안 듣든지, 이곳에 있든지 저곳에 있든지 설교를 연습했습니다. 그리고 10명이 모일 때도 100명이 모인 것같이 준비하여 우렁차고 뜨겁게 설교했습니다. 처음부터 잘하는 사람이 어디 있습니까? 하다보면 느는 법입니다.

제가 처음 교회를 개척할 때 저희 가족과 집사부부, 그리고 신혼 부부 한 가정이 전부였습니다. 그런데 1년이 채 안

되어서 20명이 되었습니다. 얼마나 감사하든지요. 20명이 모이자 저는 1,000명이 모인 것같이 설교를 준비했습니다. 아멘이 나올 만한 부분도 많이 집어넣고 그러다보니 사람들이 설교에서 은혜를 받기 시작했습니다. 그때부터 저는 "목회는 설교가 절반"이라는 깨달음을 얻게 되었습니다.

그랬더니 여기저기서 설교를 해달라, 부흥회를 해달라는 부탁이 들어오기 시작했습니다. 하지만 절대 개척교회 목사라는 티를 내지 않고 당당하게 임했습니다.

저는 개척을 해놓고 다시 1년 동안 직장 생활을 했습니다. 그때 2억 원 이상을 빚을 갚아야 하는 상황에서 내가 생각한 최선의 방법이었습니다. 그런데 계속 다닐 수가 없었습니다. 단독 목회를 하는 사람이 세상에서 돈을 벌어서야 되겠느냐는 책망도 들었습니다.

또한 일 년이 지나는 가운데 빚은 여전히 남았지만 성도는 20명이 되었던 것입니다. 그러니 바빠지기 시작한 것입니다. 또 일 년이 지나니 빚은 남았지만 성도는 어느새 60-70명이 넘어가는 것이 아닙니까?

정말 이대로 성장해 나가면 1,000명 2,000명이 금방 될 것 같았습니다. 20년 목회하면 한국 사람이 다 우리교회에 다 나올 것 같고, 한 40년 목회하면 아시아 사람들은 다 우리교회에 다 나와야 하지 않을까 하는 생각이 들었습니다.

이때 나는 비전과 목회가 얼마나 중요한지 깨달았습니다. 꿈에 사로잡히고 목적에 사로잡히니 빚에 아무리 시달려도 하나도 피곤하지 않았기 때문입니다. 하나님 앞에서 성공하는 목회자는 꿈에 사로잡힌 자가 되는 것입니다. 제가 100명이 모일 때 1,000명이 모이는 목회를 하는 것처럼 말하면 사람들이 물어봅니다.

"지금 몇 분 정도 모이나요?"

사실 개척교회 목사한테 몇 명이 모이냐고 물어보는 것만큼 사람을 피곤하게 만드는 질문이 없습니다. 그래서 얼마나 모이냐고 물어보면 1,000명이 모인다고 말합니다.

"아니 지금 그렇게나 많이 모인다는 말입니까?"

그러면 나는 능청스럽게 말합니다.

"아뇨, 지금은 아니지만 곧 그렇게 모일 겁니다."

전 지금까지도 100명이 모일 때는 1,000명이 모이는 꿈을 꾸고 1,000명이 넘은 지금은 10,000명이 모이는 꿈을 꿉니다.

이렇게 목표를 정하고 목적을 분명히 하니 해야 할 일과 하지 말아야 할 일이 분명히 구분되었습니다. 여러분들도 마찬가지라고 생각합니다. 비전이 여러분을 움직이는지 아니면 부정적인 영향력이 여러분을 움직이는지 잘 생각해보기 바랍니다.

명성훈 목사는 목적이 이끄는 목회에 대해 다음과 같이 조언한 적이 있습니다. 도움이 될 것 같아 여기에 옮겨봅니다.

목적이 분명하지 않으면 목회를 하지 말라.

성공의 제1조건은 비전과 목적의식이다. 무슨 일이든지 왜 해야 하느냐는 물음에 대답할 수 없으면 실패한다. 설사 성공하더라도 의미와 가치가 없기 때문에 곧 무너지고 만다. 하나님께서 주신 확고부동한 목적이 모든 삶의 원동력이다.

목적의 절대 중요성을 깨달으라.

목적이 분명하면 공동체의 사기가 진작되고, 좌절감을 해소시키며, 사역에 대한 집중력을 가져다주며, 자발적인 협력을 가질 수 있으며, 사역에 대한 올바른 평가를 가능하게 해준다. 세상적인 요인은 시간이 지나면 변하고 사라지지만 하나님의 목적은 불변하며 영원히 존재한다.

목적을 성경적으로 책정하라.

목적은 하나님이 주시는 것이다. 그러나 하나님이 주신 것을 명확하게 하는 것이 지도자의 책임이다. 비전과 목적을 책정하기 위해서는 교회와 사역에 대한 성경의 가르침을 공부해야 하며, 교회에 대한 본질적인 질문에 대답할 수 있어야 하며, 그 목적을 글로 문서화해야 하며, 짧은 한 문장 혹은 슬로건으로 만들어야 한다.

목적을 효과적으로 진술하라.

목적선언문을 진술할 때에는 성경적이어야 할 것, 명확할 것, 쉽게 전달할 수 있을 것, 측정과 평가가 가능할 것 등의 원칙을 지키는 것이 필요하다. 교회에 대한 하나님의 목적을 효과적으로 진술한 문장 하나만으로도 교회성장의 새로운 활력을 되찾을 수 있을 것이다.

목적을 총체적으로 전달하라.

목회자의 목적의식이 아무리 훌륭하더라도 전 성도에게 전달되지 않으면 소용이 없다. 우리 교회의 목적과 비전이 무엇인지 철저하게 의식화시키는 것이 교회성장형 성도를 얻는 길이다. 목적을 전달하는 방법은 상징, 구호, 설교, 이야기, 행동지침 등이다.

목적에 따라 교회를 조직하라.

목적이 책정되고 교인들에게 침투된 후에는 그 목적과 비전을 실행하는 단계로 들어가야 한다. 가장 좋은 방법은 목적에 따라 교회를 조직화하는 것이다. 교회는 생명체요 조직체이다. 생명을 위해서는 성령화가 필요하고, 조직을 위해서는 조직화가 필요하다. 영성이 뛰어나도 조직력이 떨어지면 교회성장이 힘들어진다.

목적을 실제 목회에 적용하라.

교회성장이란 하나님이 주신 목적을 적용한 결과로서의 열매이다. 목적에 충실하면 건강한 교회가 되며, 건강한 교회는 반드시 성장한다. 목적에 따라 전도하라. 목적에 맞는 프로그램을 만들라. 목적에 따라 사람을 키우라. 목적에 따라 구역을 운영하라. 목적에 따라 사람을 쓰라. 목적에 따라 설교하라. 목적에 따라 예산을 세우라. 목적에 따라 행사를 계획하라. 목적에 따라 교회를 건축하라. 그리고 목적에 따라 기도하고 순종하라. 목적을 잃지 않는 한 실패하지 않을 것이다.

25

장년출석 성도 300명의 목표

한국교회는 과연 희망이 없을까요? 아닙니다. 멋진 꿈을 꿀 수 있습니다. 눈을 뜨고 세계교회를 한번 살펴보십시오. 지금 세계 도처에서는 기독교 2000년 역사상 유례 없는 다양한 부흥의 물결들이 일어나고 있습니다. 저희 교단에서는 지금까지 여의도순복음교회와 조용기 목사님이 최고의 모델이었습니다. 그러나 다 조용기이고 다 하용조 이겠습니까? 지금까지는 우리가 누구 흉내를 내다가 다 망쳤다 해도 과언이 아닐 것입니다.

저는 우리 교회 교인들이 이렇게 기도하는 것을 가끔 들습니다. "하나님 아버지, 우리 교회 목사님을 이 지역에서 가장 훌륭한 목사님으로, 한국에서 가장 훌륭한 목사님으로 만들어 주십시오." 사실 대다수의 성도들이 다 이렇게 자기 교회 목사님을 위해서 기도드립니다. 그런데 류영모 목사님은 대표기도를 드리는 집사님을 불러 이렇게 말했다고 합니다.

"집사님. 기도를 바꾸십시오. 류 목사에 대한 기대가 그것밖에 안 됩니까? '류 목사를 이 도시에서 가장 아름다운 주님의 종으로 만들어 주십시오' 가 아니고 '한국에서 가장 아름다운 목사님도 아니고, 세계에서 가장 멋진 목사님도 아니고, 역사상 주님이 가장 원하던 바로 그 목사님이 되게 해주십시오' 라고 기도해 주세요."

저는 그 말이 맞다고 생각합니다. 교회 부흥이 어려운 게 아닙니다. 설교에 은사가 있으면 다른 것은 아무것도 하지 말고 설교만 철저히 준비해서 설교에 주력해 보십시오. 좋은 설교를 찾아다니는 교인들이 몰려옵니다. 그러면 부흥합니다. 또 전도에 은사가 있다면 아무것도 하지 말고 새벽부터 저녁까지 개인 전도를 하든지, 교인들을 모아서 전도지를 배포하든지 해보십시오. 전도 프로그램을 만들고, 간증자를 세우고, 신앙 좋은 연예인들을 불러 모으고, 어떻게 하든지 간에 사람들을 우리 교회로 모이게 하는 전도 프로그램을 고안해 보십시오. 그러면 부흥합니다. 복잡할 게 하나도 없습니다. 다른 특별한 은사가 없으나 리더십이 있다면 교인들을 중심으로 팀을 만드는 것도 좋습니다. 전도 팀, 기도 팀, 기획 팀, 홍보 팀 등 교인들의 은사에 맞게 팀을 짜주기만 하십시오. 교인들의 장점을 칭찬하기만 해도 교회는 부흥합니다. 한가지에만 집중해도 교회는 부흥합니다.

단, 경쟁력 있는 분야에 집중해야 합니다. 현대는 어차피 무한경쟁 시대이고 경쟁력을 상실하면 살아남을 수 없는 시대입니다. "교회이면 다 같은 하나님의 몸 된 교회인데 누구와 경쟁을 한단 말인가?"라고 물으시겠습니까? 아닙니다. 교회만큼 무서운 경쟁을 하는 곳도 없습니다. 은사를 조사해 보면 담임목사의 은사를 가진 사람은 30% 미만입니다. 어떤 사람은 예배 기획에, 어떤 사람은 행정에, 찬양에, 전도에, 기도에, 교육에 은사가 있습니다. 각자 하나님께서 다른 은사를 맡겨 주셨습니다. 이런 은사들을 100% 개발해서 하나님 앞에 쓰임 받을 때 한국교회가 승리하는 교회로 자리매김 할 수 있을 것입니다.

제가 처음 썼던 『개척교회 1% 성공 스토리』는 한 마디로 말하면 비전의 산물입니다. 저에게 강의를 들으려고 세미나에 오시는 많은 분들이 100명 미만의 개척교회 목사님들이십니다. 그래서 개척교회 목사님들이 가장 시급히 해야 할 것은 비전을 설정하는 일이라고 항상 먼저 운을 뗍니다. 비전이 있어야 열정이 나오기 때문입니다.

성령이 오시면 우리의 장래 일을 알게 하신다고 성경은 말씀하십니다. 즉 미래에 대해 계획을 세우고 목표를 정하게 하십니다. 목표는 비전의 다른 말입니다. 비전의 옷이요 비전의 선언이 바로 목표입니다. 비전이 없으면 목표도 없습니다. 앞으로 어떻게 될 것이라는 미래 창조의 청사진이 바로 비전입니다. 미래 교회의 청사진이 분명할수록 교회성장의 가능성이 커집니다.

비전의 유익을 확신하면 비전의 사람이 될 수 있습니다. 비전의 유익은 일곱 가지입니다. 방향을 제시합니다. 조직을 하나 되게 합니다. 바람직한 변화를 가져다줍니다. 동기를 부여합니다. 헌신과 후원을 가져옵니다. 정확한 평가를 가능하게 합니다. 비전 그 자체로 행복합니다.

비전을 이루는 긍정요소는 네 가지입니다. 자신을 알고, 상황을 알고, 하나님을 알고, 정보와 방법을 알아야 합니다. 비전을 방해하는 부정요소는 여섯 가지입니다. 전통,

두려움, 무사안일, 자기만족, 만성적 피곤, 근시안적 사고가 그것입니다. 비전을 이루고 성취하기 위해서는 긍정요소를 추구하고, 부정요소를 거부해야 합니다.

장년출석 300명은 교회성장의 첫 번째 관문입니다. 300명 돌파 비전을 이루어야 할 열 가지 이유가 있습니다. 많은 교회가 300명 미만입니다. 300명 돌파가 목회자의 1차 소원이 되어야 합니다. 가장 넘기 어려운 장벽이기 때문입니다. 이 포인트를 마라톤에 비유하면 반환점 즉 데스 포인트에 해당합니다. 이 포인트를 넘어야 중대형 교회로 도약할 수 있습니다. 자립이 가능합니다. 선교와 봉사가 가능합니다. 개척과 후원이 가능합니다. 전문화 목회가 가능합니다. 목회자에게 즐겁고 하나님에게 영광이 됩니다.

비전은 저절로 이루어지지 않습니다. 준비해야 하고 실천해야 합니다. 비전을 책정하고, 비전을 전달하고, 비전을 성취해야 합니다. 비전을 성취하기 위해서 반드시 필요한 세 가지가 있습니다. 첫째, 풀어헤치는 기도를 드려야 합니다. 묶여 있는 비전을 풀어놓아야 합니다. 그래야 교인들이 목사의 비전에 동참하게 됩니다. 둘째, 사람들의 진정한 필요를 채워야 합니다. 사람을 구원하고 축복하는 사람 비전에 충만해야 합니다. 셋째, 비전을 위한 팀이 가동되어야 합니다. 비전은 혼자 이룰 수 없습니다. 전 교회와 전 교인이 함께 참여해야 합니다. 너와 나 모든 사람의 비전이 되어야 가장 좋은 비전입니다.

그래서 교회의 제직들을 적극적으로 활용해야 합니다. 구약의 히브리어에는 제직들을 뜻하는 청지기로 번역할 수 있는 몇 가지 낱말이 있습니다. 먼저 '이쉬'라는 단어가 있습니다. 주로 남자인 사람이라는 뜻인데 청지기로 번역할 수 있습니다.

그 다음 '메쉐크'인데 "소유하다"는 말의 어근에서 온 말로서 청지기로 쓰입니다.

또 '싸드'가 있는데 지배자, 관리자, 청지기로 쓰여진 낱말입니다.

신약의 헬라어에서 청지기로 번역할 수 있는 낱말은 두 가지입니다. 먼저 '에피트로포스'로서 가정의 지배인 혹은 청지기로 번역되었습니다(마 20:8).

또 '오이코노모스'인데 집사, 가정 관리자, 청지기로 표현되었습니다(눅 12:42). 그러면 청지기의 직무는 무엇일까요?

주로 신약성경에서 섬기는 자로서는 목사, 장로, 집사, 청지기, 종, 하인, 사환, 섬기는 자 등 여러 직분의 종류가 있습니다. 그 가운데서도 청지기는 보통 종이나 하인보다는 조금 더 높은 직분으로서 그 주인의 종들에게 때를 따라서 양식을 나눠 주기도 하고, 집을 대리하여 품꾼들을 감독하기도 하고 품삯을 나눠 주기도 합니다(마 20:8). 또 주인의 재산을 맡아 관리하는 지배인이나 옛날 관리의 집에서 쓰는 집사(현재는 교회의 집사)와 같은 일을 하기도 했습니다(눅 16:1-3).

청지기는 주인이 아니고 주인의 소유를 임시로 맡아서 관리하는 자입니다. 영적 의미에서는 교회의 감독자로서 교회를 잘 다스려야 합니다(딛 1:7). 영적 은사를 위탁받은 자로서 교회의 유익을 위하여 봉사하는 직분입니다. 그러므로 청지기 직분은 극히 임시 직분입니다. 주인의 부당 해고에 이유를 묻거나 항의를 하거나 어떤 보상을 요구할 수 없습니다(눅 16:3). 고로 우리는 하나님께로부터 모든 복과 은사를 받은 청지기들입니다.

그렇다면 청지기의 재물은 누구의 것일까요? 재물은 사람이 사용하고 소유하고 먹고 마시는 모든 물질을 말합니다. 성경에서 재물은 돈(딤전 6:10), 금(마 25:15), 물건(수 7:21), 가축(합 3:17), 소득(창 28:22), 전답(왕상 21:1-16), 식물(딤전 6:8) 등을 나타냅니다.

재물은 인간에게 주신 선물이면서도 동시에 시험에 들 수 있는 위험이기도 합니다. 재물을 많이 가지면 교만해지기도, 너무 없으면 낙심하기도 합니다(잠 30:9).

목회자는 큰 청지기로서 하나님의 집의 작은 청지기들을 잘 관리하고 감독하여야 합니다. 교회는 생명체이면서 동시에 조직체입니다. 생명체를 위해서는 영성관리를, 조직체를 위해서는 사람관리를 잘해야 합니다. 교회의 핵심 인물들인 제직들을 얼마나 잘 키우고 활용하고 관리하느냐에 따라 교회성장의 성패가 결정됩니다.

::에필로그

인프라를 구축하라

　한국교회에 잘 알려진 조지 바나의 『주전자 속의 개구리』(*The Frog in the kettle*)라는 책이 있습니다. 책 앞부분에 보면, 개구리 한 마리를 잡아서 뜨거운 물속에 넣으니 개구리가 저 죽을 줄 알고 펄쩍 뛰어나온다고 하는 이야기가 있습니다. 그런데 아무런 위협도 느끼지 않을 적절한 온도의 물에 개구리를 넣고 천천히 온도를 높여 가게 되면 개구리는 자기 몸이 서서히 익어 가는 줄도 모르고 적응해 간다고 합니다. 그래서 물의 온도가 100℃가 되어 펄펄 끓을 때까지 주전자 안에서 꿈쩍도 안 하고 있다가 맛있게 익은 고기가 되어 버린다고 합니다.

　조지 바나는 지금 우리가 목회하고 있는 목회환경이 꼭 주전자 속의 개구리의 환경과 같다고 지적합니다. 미래 목회가 따로 있습니까? 미래 목회 환경이 우리 곁에 지금 성큼 다가왔는데 우리가 느끼지 못하고 있는 것뿐입니다. 주전자 속의 개구리처럼 말입니다.

우리의 의식은 21세기에 적응하기에는 너무나도 둔감합니다. 한국교회의 문제는 이 21세기에 민감하지 못하다는 데 있습니다. 이러고 있다가 정말 한국교회가 질식사하지는 않을까 염려하는 사람들이 많이 있습니다. 이제는 한국교회가 내일에 서서 오늘을 보고, 내일에 서서 오늘을 준비할 때가 되었다고 느끼고 외치는 함성들이 곳곳에서 일어나고 있습니다.

주전자 속의 개구리와 대조되는 것이 '잠수함 속의 토끼'입니다. 최신 잠수함은 첨단 기기로 모든 상황을 측정하지만 과거에는 수압을 측정하기 위해 토끼를 한 마리 가지고 물 밑으로 내려갔다고 합니다. 수압이 어느 정도 높아지면 토끼가 제일 먼저 그것을 느끼고 견디지 못해 몸부림을 칩니다. 그러면 잠수함은 그것을 신호로 알고 더 깊이 내려가지 않고 상승합니다. 토끼가 한계 수압을 느끼고 난 뒤 몇 분 혹은 몇 시간이 지나면 반드시 사람에게도 이상이 나타나기 때문입니다.

우리 목회자들이 목회 환경의 변화나 미래의 변화, 영적인 변화를 잠수함 속의 토끼처럼 제일 먼저 느끼는 사람이 되어야지 주전자 속의 개구리처럼 내가 익는 줄도 모르고 우리 교회가 질식하는 줄도 모르고 지금 우리 한국 교회가 충격에 허덕이는 줄도 모르고 그렇게 넋 놓고 있어서 되겠냐는 얘기입니다.

또 하나 중요한 것은 리더십이 강해야 개척교회 초기의 인프라를 구축할 수 있다는 것입니다. 이런 이야기를 하면 여러분들도 이해가 쉬울 것입니다.

1971년 8월 31일 길이 417.4㎞의 서울-부산간고속도로는 1968년 2월 1일 착공하여 1970년 7월 7일 전 구간이 왕복4

차선 도로로 준공되었습니다. 개통된 뒤 1985년 4월부터 1987년 12월까지 남이-회덕 간 21.7㎞ 구간이 중부고속도로가 건설될 때 왕복6차선으로 확장되었습니다. 기존의 철도, 국도와 중복을 피하면서 수도권과 영남공업지역 및 인천항과 부산항의 2대 수출입항을 연결하는 대동맥 역할을 하며 전국을 1일 생활권으로 묶으면서 산업과 생활에 있어 일대 변혁을 가져왔습니다. 당시 많은 반대가 있었지만 국가적인 사업으로 성사시킨 이 도로의 건설은 21세기 한국 발전의 위대한 선택이었습니다.

인생에 있어서도 먼저 해야 할 일과 나중에 해도 될 일을 구분할 줄 아는 지혜가 필요합니다. 일에는 분명 순서가 있습니다. 집을 짓기 전에 설계도면을 만들어야 하고 기계를 만들기 전에도 설계도가 있어야 하듯이 일에도 순서가 있습니다. "아무리 바빠도 바늘허리 꿰어 못쓴다."는 말이 있잖습니까? 그런 말이 왜 나왔겠습니까? 마음만 급해서 순서를 틀리게 하면 아무리 좋은 일이라도 성사되기가 어렵습니다.

상록수명륜교회를 건축하면서 보니 참 배울 게 많았습니다. 건물을 지을 때 가장 먼저 할 일이 기초를 놓는 일입니다. 그런데 가까이서 건물 짓는 것을 보니 기초를 놓는 데만 10일 이상이 걸리는 것이었습니다. 마음은 급한데 건물 바닥에 들어가는 것이 왜 그리 많은지…. 교회 건물을 짓고 있는 소장님이 말씀 하길 집을 지으려면 건물 바닥에 수도관, 하수도관, 그리고 도시가스관과 화장실 배관, 마지막으로 전기와 통신관까지 묻어야 할 관이 수백 미터가 넘는다는 것이었습니다. 그러니 자연히 시간이 걸릴 수밖에 없다는 것을 알았습니다. 마지막으로 건물의 기둥이 올라갈 자리에 앙카볼트를 박는 것도 잊으면 안된다고 했습니다. 이러한 기초와 하부조직을 갖추는 것을 전문용어로 인프라(infra)를 만든다고 합니다.

인프라는 'in · fra · struc · ture'의 준말로서, 단체 등의 하부 조직(구조)이나 사회의 기본적 시설(경제) 기반을 놓는 것을 말합니다. 그런데 우리들의 삶에도 먼저 이러한 인프라를 구축하는 일이 중요합니다.

인프라의 중요성을 설명하려면 우리나라가 1968년 시작한 경부고속도로 건설사업을 말하지 않을 수 없습니다. 왜냐하면 건국 이래 우리나라 자신의 능력과 한계를 뛰어넘는 위대한 모험이었기 때문입니다. 고속도로를 건설하기 위하여 1969년 2월15일에 한국도로공사가 창립되었습니다.

먼저 언양-울산간 고속도로(14.2km)가 6월 20일 착공된 지 6개월 만인 12월 29일 개통되었고, 1970년 7월7일 경부고속도로 전 구간(428km)이 준공됩니다.

박정희 전 대통령은 경제와 군사력이 있어야 아프리카만큼도 못 사는 대한민국이 세계 속의 한국으로 성정할 수 있다고 생각하였습니다. 박정희 전 대통령은 직접 서독으로 가서 아우토반(독일 고속도로)을 만져보기도 하면서 한국에도 이와 같은 고속도로를 만들어야 한다고 생각한 것입니다. 1968년부터 현대건설을 비롯한 여러 회사들에 의해 착공에 들어갑니다. 물론 그 과정에 야당의원들이 환경 훼손의 주범이 될 수 있다는 등의 여러 의견을 내놓았으나, 대통령과 민주공화당은 이를 묵살하였습니다.

박정희 대통령은 현지를 답사하면서 공정을 수시로 확인하였습니다. 공사는 불도저로 주로 시행하였지만 터널 공사 등은 최대의 악재였습니다. 그런 악재를 잘 극복해 내면서, 단계적 개통을 시작하였습니다. 착공한 그 해, 1968년 12월에는 서울-수원간고속도로가 개통하고 1년 뒤인 1969년 12월 19일에는 대구-부산간고속도로가 개통합니다. 그리고 마지막 공사구간인 대전-대구간이 1970년 7월 7일에 개통하면서, 경부고속도로는 완공을 맞이합니다.

이 고속도로 개통으로 한국의 고속성장의 서막이 오르

게 되었습니다. 아프리카 수준이어서 가망이 없었던 우리 경제는 날로 헤아릴 수 없이 성장하여, 개발 도상국에서 드디어 중진국으로 진입하게 되었습니다. 이 고속도로로 인해, 국산 자동차가 만들어지게 되었고, 결국 화물차가 많이 달리게 되면서, 외국으로의 수입과 수출이 늘어났습니다.

모르긴 해도 후세사가들 사이에서 박정희 전 대통령에 대해서 많은 시비가 있겠지만 그가 한 많은 일 중에 나라의 인프라를 구상하고 실천한 일만큼은 인정해야 되지 않나 싶습니다. 그러나 정작 그보다 더 중요한 것은 우리들 자신의 인프라를 구상하고 세우는 일이 아닐까 합니다.

경제개발에 있어 인프라의 중요성은 새삼스럽게 이야기할 필요도 없을 만큼 중요합니다. 마찬가지로 교회를 개척해서 성장시키려면 교회의 가장 기초적인 조직인 구역과 지역장들을 잘 훈련시키고 기본적인 기도와 전도 훈련을 잘 시켜놓아야 합니다. 또 인생성공도 인프라 구축과 매우 밀접한 관계가 있습니다.

지도자란 현상유지 정신(maintenance mentality)이 아니라 성장형 정신(growth mentality)을 가진 자여야 합니다. "여기가 좋사오니"라는 안전지대 콤플렉스를 거부하고 새로운 세계를 향하여 과감하게 도전하는 리더십이 있을 때 그 조직이 성장할 수 있는 것입니다. 리더십이 없으면 어떠한 조직도 무력해지고 와해됩니다. 뿐만 아니라 그 조직의 유능한 구성원들조차도 "침묵하는 다수"로 전력하고 마는 것입니다. 리더십이 항상 조직을 위해 섬기는 위치에 있어야 합니다. 조직이 리더십을 위해 있는 것이 아니라 리더십이 조직을 위해 존재한다는 것, 이것이야말로 오늘의 모든 조직이 원하는 리더십 정신입니다.

비전의 힘

지은이 이상철
펴낸이 채주희
펴낸날 2007. 10. 07 초판 1쇄 발행

펴낸곳 도서출판 해피&북스
등록번호 제10 - 1562호 1985. 10. 29
등록된곳 서울시 마포구 합정동 433-62
Tel 02-323-4060   Fax 02-323-6416
E-mail elman1985@hanmail.net

값: 10,000원

잘못된 책은 바꾸어 드립니다.